ユニクロ成功の霊的秘密と世界戦略

柳井正 社長の守護霊インタビュー

大川隆法
Ryuho Okawa

本書第１章は、2012年7月31日（写真上・下）、幸福の科学総合本部にて、質問者との対話形式で公開収録された。

まえがき

山口県宇部市の一衣料品店から、一代で一兆円企業を築き、さらに五兆円企業への世界戦略を語る男。安売りチェーン店ながら、トップ経営者としては日本一の大金持ち。何やら松下幸之助とダイエーの中内切《なかうちいさお》を統合したような人生観と経営論である。

ユニクロのスタートが一九八四年。私が初めて本を出したのが一九八五年で、共に三十年近く、衣料のベストセリングと書籍のベストセラーを続けている。

柳井正さんとは、比較的最近、大阪空港の特別待合室で、中仕切り一枚で隣合わせたことがあるが、携帯電話片手に何度も目に見えぬ相手に頭を下げながら、カン高い声でまくしたてていた。かつて中内切さんと会った時と同じく、社長一人きりだったが、共に小柄で軽快な動きをしつつ、多少の違いもあった。中内氏には「意外な寂寥感《せきりょうかん》」があり、柳井氏には「気負いにも似た軽い明るさ」があった。

本書をじっくりと研究されたい。

二〇一三年　五月二十日

幸福《こうふく》の科学《かがく》グループ創始者兼総裁《そうししゃけんそうさい》
大川隆法《おおかわりゅうほう》

柳井正社長の守護霊インタビュー　ユニクロ成功の霊的秘密と世界戦略　　目次

第1章　ユニクロ成功の霊的《れいてき》秘密に迫《せま》る

――柳井正《やないただし》・守護霊《しゅごれい》インタビュー――

二〇一二年七月三十一日　収録
東京都・幸福の科学総合本部にて

第2章　ユニクロの世界戦略に変更《へんこう》はあるか

二〇一三年五月二日　収録
東京都・幸福の科学　教祖殿《きょうそでん》　大悟館《たいごかん》にて

「霊言現象《れいげんげんしょう》」とは、あの世の霊存在の言葉を語り下ろす現象のことをいう。これは高度な悟《さと》りを開いた者に特有のものであり、「霊媒現象《れいばいげんしょう》」（トランス状態になって意識を失い、霊が一方的にしゃべる現象）とは異なる。

また、人間の魂《たましい》は原則として六人のグループからなり、あの世に残っている「魂の兄弟」の一人が守護霊《しゅごれい》を務めている。つまり、守護霊は、実は自分自身の魂の一部である。したがって、「守護霊の霊言」とは、いわば本人の潜在《せんざい》意識にアクセスしたものであり、その内容は、その人が潜在意識で考えていること（本心）と考えてよい。

なお、「霊言」は、あくまでも霊人の意見であり、幸福の科学グループとしての見解と矛盾《むじゅん》する内容を含《ふく》む場合がある点、付記しておきたい。

第1章

ユニクロ成功の霊的《れいてき》秘密に迫《せま》る

――柳井正《やないただし》・守護霊《しゅごれい》インタビュー――

二〇一二年七月三十一日　収録
東京都・幸福の科学総合本部にて

柳井《やない》正《ただし》（一九四九～）

実業家。ファーストリテイリング代表取締《とりしまり》役会長 兼《けん》社長。ジャスコ（現イオンリテール）勤務を経て、父親の経営する小郡《おごおり》商事に入社。一九八四年、「ユニクロ」第一号店をオープンし、同年、社長に就任した。ユニクロを日本最大規模のカジュアルウェアチェーンへ発展させるとともに、海外にも進出。日本を含《ふく》め、アメリカやイギリス、中国などで千二百以上の店舗《てんぽ》を展開する。『フォーブス』発表の二〇一三年版世界長者番付では、世界六十六位、日本一位。

質問者　※質問順

綾織《あやおり》次郎《じろう》（幸福の科学理事 兼「ザ・リバティ」編集長）

三宅《みやけ》早織《さおり》（幸福の科学理事 兼 精舎《しょうじゃ》活動推進局長）

北林《きたばやし》寛子《ひろこ》（幸福の科学理事 兼 国際エル・カンターレ信仰《しんこう》伝道局長）

［役職は収録時点のもの］

1　ユニクロ研究の難しさ

ユニクロが潰《つぶ》れずに発展している二つの理由

大川隆法　暑いさなかではありますけれども、夏は、経営者が休みを取りやすいでしょうから、経営者ものの霊言《れいげん》を収録し、学びの材料としていただきたいと考えています。

昨日（二〇一二年七月三十日）は、稲盛和夫《いなもりかずお》さんの守護霊《しゅごれい》に、ＪＡＬ《ジャル》再建等について訊《き》きました（『稲盛和夫守護霊が語る　仏法《ぶっぽう》と経営の厳しさについて』〔幸福の科学出版刊〕参照）。

今日は、二十世紀末から二十一世紀にかけて成長し、世界企業《きぎょう》を目指す日本企業のモデルとして注目されるユニクロ（ファーストリテイリング）を取り上げ、ここの創業者である柳井正《やないただし》さんの守護霊にアクセスしてみようと考えています。

勝手にアクセスするのも、まことに申し訳ないので、ユニクロのTシャツぐらい買ってこなくてはいけないのかもしれませんが（笑）、確かに、ビジネスモデルとしては面白《おもしろ》いのではないでしょうか。ユニクロは、この二十年ほどの日本経済停滞《ていたい》のなかで、唯一《ゆいいつ》ではないにしても、他社と比べて抜《ぬ》きん出た快進撃《かいしんげき》をしているようには見えます。

ただ、「一人勝ち」と言われることについては、柳井さんも嫌《いや》なようで、そうでなく見せるために、よくPRをしています。例えば、「一勝九敗」とか、「成功は一日で捨て去れ」とか、そんな感じの言葉を使って、危機感を示しているわけです。

いずれにしても、研究に値《あたい》するビジネスモデルでしょうが、ユニクロ研究には、それなりの難しさが伴《ともな》っているとは感じます。

というのも、経営学的に分析《ぶんせき》すると、「ユニクロのまねをした場合、普通《ふつう》は倒産《とうさん》する可能性のほうが高い」と思うのです。ユニクロは、倒産する可能性が非常に高い戦い方をしているので、他社がまねをしたら潰《つぶ》れるでしょう。にもかかわらず、潰れないで発展しているのは、創業者の持っている「独特のカリスマ的能力」や、ひいては、今日、調べてみたいと思っておりますけれども、この人の持っている「霊的なクオリティ」の問題だろうと感じます。

ビジネス拡大の方法として、「安売り型」は、非常に簡単な考え方ですし、どこでもできることではあります。ただ、「安売りで広げる」というだけであるならば、やはり、規模の大きいところや、先行しているところ、あるいは、資金のストックが大きいところのほうが強いので、新興勢力が「安売り」だけで攻《せ》めていった場合、迎《むか》え撃《う》たれて潰されるのが普通です。大きいところに対して「安売り」で攻めていくと、普通は負けるのです。

「ダイエー」とよく似た「ユニクロ」の経営手法

大川隆法　「ユニクロ型経営」の成功の理由を一言で言えば、おそらく、製造から販売《はんばい》までを、自社で一貫《いっかん》してやっている点でしょう。

ここは、もともと、製品の九割を中国で現地生産し、人件費を安く抑《おさ》えてつくることで、安売りをしていました。通常、流通を通して仕入れたものであれば、それほど利幅《りはば》がないのですけれども、自分のところでつくって売っているために、安売りをしても利幅があり、「半分が売れ残ったとしても潰れない」という構造になっているようです。

つまり、これほど安いものを売っておりながら、実は、高収益体質を持っているわけで、そこに他社との違《ちが》いがあるのだと思います。

ただ、このやり方自体は、ダイエーの中内《なかうち》㓛《いさお》さんも手掛《てが》けていたことではありました。ダイエーも安売り型で、「よいものをどんどん安く売る」という戦略で伸《の》びていったところですが、やはり、牛肉や豚肉《ぶたにく》を安くするために、直接、畜産《ちくさん》農家と契約《けいやく》し、ダイエー用の家畜を育てるところまで手を延ばしていましたので、モデル自体は、すでにあったと思います。

しかし、安売りで拡大していく路線は、ダイエーで実験済みでしたけれども、理論的には、同業他社を食っていく路線です。「同業他社を食って、それより強ければシェアを取っていける」という路線のため、敵が出てきて潰し合いになる面もありますし、他社から奪《うば》えるマーケット自体がなくなった場合、最終的には潰れる可能性がある経営手法ではあるのです。

私は、中内さんについて、その点を非常に懸念《けねん》しておりましたが、やはり、末期には、そのようなかたちになりました。

今、また、ユニクロについて、正式には、ファーストリテイリングについて、じっと見ているところではあります。

幸福の科学と同時期に成長してきたユニクロ

大川隆法　柳井さんは、大学を卒業してから、民主党の岡田《おかだ》（克也《かつや》）さんのところのジャスコ（現在のイオンリテール）に入社し、三重《みえ》県の四日市《よっかいち》店に勤めました。

父親から修行《しゅぎょう》に出されたかたちで、九カ月ぐらい、同店の家庭雑貨売り場を担当したようですが、一年ももたずに辞《や》め、その後、父親のつくった、山口県宇部《うべ》市の紳《しん》士服《しふく》店を手伝いました。

そして、一九八四年に、三十五歳《さい》で父親の跡《あと》を継《つ》ぎ、その年に、ユニクロの一号店を出しています。

ちなみに、当会は、一九八六年に事務所開きをしております。ユニクロとは二年ぐらいの差はあるものの、ほぼ同時期に成長しているので、成長過程においては、同じものを見てきています。ユニクロは、「バブルの終わりの時期を経験しつつ、バブル崩壊《ほうかい》後の二十年間にわたる低成長期も経験している」ということであり、その点では当会と同じなわけです。

そうしたなか、ユニクロを中心として、全国に何百店舗《てんぽ》かを出し、さらに、海外進出を図《はか》って、海外のいろいろな国にも出店しております。

なお、先ほど、「九割を中国で生産していた」と述べましたが、その後、中国以外の国で三分の一ぐらいは生産することを目標にしているようです。

このように、一九八四年に一つの店舗から始め、ドラッカー理論を用いてチェーン展開をし、海外にまで進出しました。郊外《こうがい》の土地を買って安売り店をやりながら、だんだんと都市部に攻め込《こ》んでいき、原宿《はらじゅく》に出店したり、銀座に旗艦《きかん》店を出したりしましたし、ニューヨークのソーホーや五番街《ごばんがい》にも出店したわけです。

その途中《とちゅう》では、ロンドン進出での失敗を経験したり、青果事業を始めて撤退《てったい》したりもしているようです。

そういう意味では、試行錯誤《しこうさくご》もしながら大きくしているわけで、今、一兆円企業を目指しつつ、さらには、「二〇二〇年に五兆円企業を目指す」という目標を打ち上げていますから、柳井さんは、非常にチャレンジングで、「目標を置いて夢を実現しよう」という意欲に溢《あふ》れている方でしょう。

ただ、柳井さんは、「五十歳を過ぎたら社長を退《しりぞ》く」と宣言していた手前か、五十三歳のときに、一度、社長を若い人に譲《ゆず》って、自分は会長職になったものの、その後継者《こうけいしゃ》として選んだ人が、慎重《しんちょう》派というか、安定派であり、売り上げ目標に達しなかったこともあって、結局、三年後に、社長に返り咲《ざ》いてやっているわけです。

今、六十三歳ですけれども、後継者に予定していた若手が、結局、二人とも辞めることになって、これから世界に広げていこうとしているときに、人材難で苦しんでいるようです。やはり、世界企業になるかどうかは、「人材の問題」ということでしょう。

たぶん、よい人材を採るために、銀座やニューヨークの五番街に出店して目を引いたり、海外でブランド力を上げ、高級感を出そうとしたりして、頑張《がんば》っているのでしょう。このへんは、人材のリクルートとも関係があると思われます。

また、安売りのイメージが付いているので、プラダの有名なデザイナーを引き抜くなどして、「安いけれども、素材もよければ、デザインもよい」というものを目指しているようにも感じられます。

ユニクロに見て取れる「不安要素」

大川隆法　今、私は、この人の苦悩《くのう》を非常に感じます。とても孤独《こどく》なのではないでしょうか。

本人は、毎日の勉強や発想によって、ここまでつくり上げてきているのだろうと思うのですが、なかなか代わりをやってくれる人はいなくて、人材が育たないことに対する焦《あせ》りも感じられます。

「自分がやれるうちに、できるだけ大きくして、世界企業にまでしてしまいたい」という一念を持っておられることでしょう。

ですから、不安な点を挙げるとすれば、ドラッカーの経営論を参考にして大きくしているにもかかわらず、本当の意味で幹部人材が育っていない部分が一つです。

もう一つは、この人が教科書としている『プロフェッショナルマネージャー』（ハロルド・ジェニーン著）という本に関するものです。

この経営書では、通常、理数系の人が好むような考え方を取っています。それは、「目標を決め、そこから逆算して経営計画を立て、実行していく」というものであり、当会にも、そういう考え方が入っていた時期があるのですけれども、この場合、基本的に、「目標必達型」「ノルマ達成型」でやるかたちになります。

しかし、壁《かべ》が出てくれば、どうしても無理をしてしまうこともありますし、「『これだけ発展する』と予定し、『絶対にそこまで到達《とうたつ》する』」というかたちで逆算すると、先行投資型になってくるために、場合によっては借金先行型になって危険なのです。

「結論から逆算して考える」というやり方は、結果的に成功しているところは、それでうまくいっているのでしょうが、経営環境《かんきょう》が非常に変わりやすい小売業等では失敗することもよくあるわけです。

ただ、こうしたことは、どんな経営者でも経験していくことではあって、さまざまな危険を乗り越《こ》えながら生き延び、今、大きくなっていこうとしておられるところでしょう。

また、楽天《らくてん》と同じく、ユニクロも、「英語社内公用語化」に取り組んだりして、世界企業化を目指そうとしておられますので、「その意気や良し」という感じはいたします。

いずれにしても、今、どのようにお考えなのか。一人のカリスマとしてやれていることなのか。誰《だれ》でもまねられるものなのか。

本人は、「このやり方をすれば、どんな業界であっても同じようになる」というような言い方をしているようですから、「経営モデルとして使える」と思っておられるのでしょう。

はたして、かつての松下幸之助《まつしたこうのすけ》や、ソニーの共同創業者（井深大《いぶかまさる》、盛田昭夫《もりたあきお》）のように、新しいタイプの経営者として、日本の他の会社をリードするかたちになるのかどうか。

以前、「ユニクロ栄えて国滅《ほろ》ぶ」という論文が、月刊「文藝春秋《ぶんげいしゅんじゅう》」（二〇〇九年十月号）に掲載《けいさい》されたことがありますが、日本のデフレの原因に、ユニクロの名前を挙げ、「この安売りが、デフレ傾向《けいこう》をつくった」という考え方を述べる人（エコノミストの浜矩子《はまのりこ》氏）もいるわけです。

確かに、そういう面もなきにしもあらずですが、国全体のＧＤＰから見れば、ユニクロの売り上げ規模は、まだ小さいので、「ユニクロだけの責任でデフレになった」とは言いがたいでしょう。ただ、「象徴《しょうちょう》として、ほかのものに影響《えいきょう》を与《あた》えた面がないかどうか」については、議論の余地があると思われます。

例えば、ユニクロが、一千九百九十円のジーンズを売り出し、さらに、その子会社（ジーユー）で九百九十円のジーンズを売り出したときのインパクトは、相当に大きかったのですけれども、やはり、同業他社が、続いて八百円台のジーンズを売り出したため、恐怖《きょうふ》の潰し合い合戦《がっせん》が、現実に始まったことがありました。まさに、「皮を斬《き》らせて肉を斬り、肉を斬らせて骨を断《た》つ」といった、すごい戦いが起きたわけです。

そういう意味で、「デフレ基調をつくったのではないか」という疑いをかけられている面もあるのかもしれません。

柳井正氏の守護霊を招霊《しょうれい》する

大川隆法　いずれにしても、いろいろな秘密を持っているのでしょう。局所的な失敗はしつつも、成功し続けているわけですから、今日は、このへんのところについて、霊的な面も含《ふく》めつつ、探究できればよいと思います。

ただ、日本を代表する経営者に成長中の方でございますので、失礼のないように行きたいと思います。決して、ジャーナリスティックな、悪意のある探究にはならずに、上品に行きたいと考えております。

「前置き」は、この程度にします。

（大きく息を吐《は》く。その後、約五秒間の沈黙《ちんもく》）

それでは、ユニクロの創業者、ファーストリテイリング会長兼《けん》社長の柳井正さんの守護霊をお呼びして、ビジネス成功の秘密に迫《せま》ってみたいと思います。

ファーストリテイリング会長兼社長の柳井正さんの守護霊よ。

どうか、幸福の科学総合本部に降りたまいて、われらに、そのビジネスモデルをお示しください。われらが信者のなかにいる、数多くの企業の方がたに対して、その成功の秘訣《ひけつ》を一端《いったん》なりともお教え願えれば幸いです。

柳井正さんの守護霊よ、幸福の科学総合本部に降りたまいて、われらに、その成功の秘密を教えたまえ。

柳井正さんの守護霊、流れ入《い》る、流れ入る、流れ入る、流れ入る、流れ入る。

（約十五秒間の沈黙）

2 「成功は一日で捨て去れ」の真意

幸福の科学をかなり意識している柳井氏守護霊

柳井正守護霊　あっ。ああ……。

（大川の服装について）あのー……、ユニクロの商品を着けないで出てくるのは反則じゃないかなあ。

ユニクロの服を着て、来てくれないと、宣伝にならんじゃないか。

綾織　質問者には、ユニクロの服を着ている者がおりますので。

柳井正守護霊　あ、そう。着てるか？　本当にそうかな？

綾織　はい。

柳井正守護霊　（綾織に）あんたは、そういうのが好きだから、着てくれるけど、（大川は）どう見ても、ユニクロとは違《ちが》う物を着とるだろう？　これはいかんな。これは、戦略に問題があるね。

綾織　いえいえ、私たちのほうは……。

柳井正守護霊　君も、ユニクロの商品ではない物を身に着けておるな？

綾織　いや、ちゃんと見えないところに……。

柳井正守護霊　見えないところに、だったか。

綾織　お見せするわけにもいかないものですから……。

柳井正守護霊　じゃあ、ズボン下だな？　分かった。

綾織　はい。

柳井正守護霊　脂肪《しぼう》燃焼させる〝あれ〟だ。

綾織　（笑）本日はお忙《いそが》しいなか、おいでいただきまして、本当にありがとうございます。

柳井正守護霊　忙しいわ！　こんなところを指導していたら、うちが潰《つぶ》れるかもしれない。

綾織　この二十年間、日本では不況《ふきょう》が続くなか、ユニクロは成長を続けております。可能な範囲《はんい》で結構ですので、成功の秘訣《ひけつ》の一端《いったん》なりともお伺《うかが》いできればと思います。

柳井正守護霊　いやあ、君、それは、ずるいんじゃないか？

大川隆法さんのほうが、幸福の科学の発展の秘密を公開すべきなのではないかな。それで、ほかの宗教が、まねできなかったら、それは売り物として出せるわな。まねされるなら出せんわなあ。

ユニクロだって、外に活字にして出しているのは、「まねされても大丈夫《だいじょうぶ》」と思って入れたものだけで、まねされて困るところは出してない。「まねは、できないだろう」と思うところを話しているんだよ。

綾織　ええ。柳井社長も、たくさんのご著書を出されておりますので……。

柳井正守護霊　そうだなあ。

綾織　成功の秘密の一部は明らかにされているかと思うのですけれども……。

柳井正守護霊　まあ、内部の人も養成しないといかんし、会社のＰＲもあるからね。

綾織　今日は、守護霊様でいらっしゃいますので、「霊的《れいてき》な秘密」も含《ふく》めまして、教えていただければと思います。

柳井正守護霊　いやあ、これは、きついなあ。大川さんのところで経営の秘密を説くのは、ちょっと嫌《いや》だなあ。
これは、道場ではなくて、真剣《しんけん》を抜《ぬ》いて斬《き》り合うような感じがするもんな。ユニクロの〝クビ〟が、ズバーッと刎《は》ねられたらどうするんだい?「ここに、問題が!」とか言ってさ。

綾織　はい。十分に敬意を払《はら》わせていただきながら、お伺いできればと思います。

柳井正守護霊　まあ、信者が多いのなら、本を出しておくと有利なこともあるかもしれないがな。多少、買ってくれるだろう?

だから、「ユニクロで安い服を買って、残りのお金はお布施《ふせ》するように」と指導してくれるなら、私も出るだけの意味があるわな。

綾織　ええ、そういう方もいらっしゃるかと思います。

右肩上《みぎかた》がりで成長を続けてきたユニクロ

綾織　ユニクロにつきましては、おなじみの会社ではあると思うのですけれども、念のために、これまでの成長の過程を確認させていただきます。

三宅　（ユニクロの成長過程を示したフリップを掲《かか》げながら）こういうものを用意させていただきました。

柳井正守護霊　おお！　厳しいのお。

三宅　一九八四年に、ユニクロの第一号店がオープンしてから、「右肩上《みぎかた》がり」では来たと思うのですが……。

柳井正守護霊　ほう、ほう。

三宅　一九九八年に、「フリース」が一気に売れました。

柳井正守護霊　おう！　そうだね。

三宅　そして、二〇〇一年まで急激に伸《の》びていっています。

柳井正守護霊　そうだねえ。

三宅　その後、少し停滞《ていたい》した時期があり、社長も代わられ、「カシミヤ」などを扱《あつか》うなかで、「低価格をやめます」とPRした経緯《けいい》があると思います。

柳井正守護霊　うん、うん。

三宅　そうしたなか、高品質の商品を、さまざまに開発しながら、「ヒートテック」や「ブラトップ」「スキニージーンズ」等を出していかれました。

柳井正守護霊　うん、いいな。商品名が出てくると、なんか、うれしくなるなあ。

三宅　（笑）そういうものを出していくなかで、本当に急成長されていることを感じます。

また、海外展開につきましては、二〇〇六年にはニューヨーク（ソーホー）、二〇〇七年にはロンドン、二〇〇九年にはパリ、二〇一〇年には上海《シャンハイ》と、グローバル旗艦《きかん》店を展開していき、二〇一一年には、台北《タイペイ》、ニューヨークの五番街《ごばんがい》、ソウルに出店されました。

さらには、二〇一二年に、銀座にもグローバル旗艦店をオープンされています。

柳井正守護霊　うん、うん。君らと、全然、変わらないではないか。やっていることは一緒《いっしょ》じゃない？

綾織　そうですね。似ているところがあると思います。

柳井正守護霊　まあ、君らは、安売りはしていないかもしれないけどね。でも、最初はそんなに高くなかったな。宗教のお布施としては、そんなに高くないところから始まったよね。よそは高かったけど、ここは高くなかった。今は、けっこう高くなっているような気はするが、まあ、一緒なんじゃないの？

綾織　そういう部分もありますし、そうではない部分もあります。

柳井正守護霊　まあ、ビジネスモデルとしては、そう変わらないよ。フリースを出したりはしないだろうけどもなあ。

モチベーションは、「情熱」もしくは「怨念《おんねん》」？

三宅　（笑）ただ、こうして、不況期にあるなかで成功した秘訣を、ぜひ、一端なりとも教えていただきたいと思います。

柳井正守護霊　小売業は、本当は厳しいところなんだよな？　だから、私は無茶を言うとるんだよ。ずいぶん、無茶は言っていると、自分でも思っている。

どこにでも売る所はあるわけよ。それに、いいものだっていっぱいあるし、高級品もいっぱいあるわけだ。

今は、安くて、高品質で、スタイルもいいものを要求されているから、誰《だれ》でもが売れているなかで、新しいものを常に目指すというか、イノベーション体質を維持《いじ》するのは、この業界では、やはり厳しいね。

小売りのものに対して、たくさんのイノベーションをかけると、普通《ふつう》は在庫の山になったりする。次の新しいものを出したら、古いものが売れなくなるからね。

まあ、「シャネル型」が、その対極かなあ。古いタイプの高級感のあるブランドイメージを崩《くず》さないで、ずっと売り続けているだろう?

形のカチッとした、高級感のあるもので、誰が見てもすぐに「シャネル」と分かる。服ならば、「六十万円や七十万円はするんだろう」と、みんなが思うものだね。まあ、これが対極にあるかたちの一つだよな。

こういうのに対して、安売りをしながら、どんどんイノベーションをかけて、新しいものを出していくためには、開発・研究コストもかかるし、返品のリスクもあるしで、実に厳しい戦いなんだよ。

だから、アイデアが枯渇《こかつ》したときが、事業の終わりのときなんだ。それで、「成功は一日で捨て去れ」と言っているんだけど、今日の成功は、明日の失敗になるわけだ。「今日、成功したら、明日には、その成功を捨てよ」というのは、魚釣《さかなつ》りと一緒だよ。「同じ所で二回は釣れない。あくまでも、魚がいるところに釣り糸を垂らさないと駄目《だめ》だ」ということだな。

これは、実に厳しいよ。この業界で生きている者にとっては、実に厳しいことを言うとる。

例えば、私の拡大戦略に関しては、銀行も、なかなか許さなくて融資《ゆうし》を出さない。私は、「一気に百店舗《てんぽ》、出す」などと言うし、売り上げ（計画）もすごい額を出すから、銀行も、「融資をしない」となって喧嘩《けんか》したこともある。

また、せっかく育てようと思った幹部たちでも、「とてもついていけない」と言って離《はな》れていく者もいたので、そういう意味では、孫《そん》（正義《まさよし》）さんのソフトバンクなどと、よく似ているのかもしらん。ダイエーもそうかもしれないけどもね。

まあ、そういう拡大路線をバーッと打ち上げると、慎重《しんちょう》な幹部、つまり、頭がよくて堅実《けんじつ》な人ほど危険を感じるわけだ。確かに、経営は、まず潰れないほうから考えていくのが堅実だとは思うんだよ。でも、私も若い者に早く譲《ゆず》りたいし、若返りをかけたいしで、（幹部を育てて）引退するつもりでいたんだけど、「若い人のほうが慎重で、私のほうが大胆《だいたん》だった」ということだ。

これには、創業者で怖《こわ》いもの知らずのところも、たぶんあるとは思うんだよな。山口県の一店舗から始めて、全国チェーンをつくったんだから、いつ潰れたって本望《ほんもう》なわけよ。もちろん、「世界を目指す」などと言ってはいるんだけど、近所の人に聞いたら、みんな、「山口県の宇部《うべ》の、そんな小さな洋服屋が、何を息巻いとるんだ」と言うよな。「おじさん、少し無理しているのと違いますか」と言うと思うよ。

そうしたなかでやってきたわけだから、一つには、いい言葉で言えば「情熱」、悪い言葉で言えば「怨念《おんねん》」があるよ。

早稲田《わせだ》の政経が一流かどうかは知らんし、今は、偉《えら》い人が出てきてはいるけど、私は、ほとんど勉強をしなかった〝プータロー〟で、「卒業さえできればいい」という学生だった。だけど、いちおう、早稲田を出ていて、それで、「宇部の洋服屋の跡継《あとつ》ぎ」となれば、ちょっと退屈《たいくつ》だよ。こういうタイプは、たいていどら息子《むすこ》になって、派手なことをやって（家業を）ぶっ潰すよな？

親父《おやじ》も、そう考えて、ジャスコに入れたりしたんだろうけど、ジャスコで大きな経営の仕方を見てから洋品店に入ったりしたら、改革したいことがたくさんある。「これでは経営になっていない」という感じがあったよ。

ただ、親父が元気なうちは、思うようにならなくて、我慢《がまん》している期間は、けっこうあったからね。その間に時間を稼《かせ》ぎ、経営書を読んだりして勉強をしていたところはある。それが、自分の時代になって、一気に噴《ふ》き出したわけだ。

でも、基本的には、ほかの人にもできる仕事ではあるから、アイデア勝負であるし、アイデアのもとは、やはり知識だろうな。それを使っているとは思うよ。

「現状維持《いじ》は即脱落《そくだつらく》」という危機感を持て！

綾織　先ほどの「昨日までの成功を捨てる」というお言葉に関してですが、いろいろなことを勉強すると、そうしなければならないのは、普通の人にも分かるものの、実際に実行するとなると、そう簡単なことではありません。

柳井正守護霊　いや、やはり、兵法には、虚々実々《きょきょじつじつ》の駆《か》け引きはあるよ。「ユニクロ成功の秘訣は何ですか」ということについては、よその会社の経営者も知りたいよな。でも、「『一日の成功は一日にて足れり』であって、成功など、一日で捨ててしまえ。明日は明日の成功が来る」みたいなことを言われたら、まねのしようがないだろう。

綾織　はい。

柳井正守護霊　そういう意味で、外向きのものも、ちょっと入っているよ。だけど、半分は本気だ。

自分でも、そう思っているんだよ。今日がうまくいったからといって、明日もうまくいくとは思っていないので、「明日は明日で、新しいイノベーションをかけなくてはいけない」と、毎日毎日、自分では思っているよ。

ただ、同業者でも異業種でも同じだろうけど、そうやれるかと言ったって、できないよな。「今日つくったビールを、明日には、新しい（種類の）ビールに変えよ」とビール会社に言えるか？　そう言ったら、キリンもサッポロも、みんな潰れるだろう？

綾織　はい。

柳井正守護霊　「今日、つくったビールを売って、明日は別のビールを（開発して）売る」というのでは、潰れるでしょう？

だから、それは、できることではないんだよ。

まあ、「ＰＲも兼《か》ねていながら、本心でもある」というか、一日でイノベーションをかけるぐらいの気持ちでいて、実際は、だいたい一年ぐらいかかるものなんだよな。毎日（イノベーションを）かけるつもりでいて、一年かかるのが普通かな。

つまり、「現状維持《いじ》は即脱落《そくだつらく》」ということを、言葉を換《か》えて言っているわけ。「今の成功に驕《おご》ったら、明日はない」と言って、危機感を募《つの》らしているんだよ。

「ユニクロは、一人勝ち」と言われているけど、要するに、みんなから狙《ねら》われているんだ。全部が敵だね。「何とかして追いつき、追い越《こ》し、潰してやろう」と思っているし、先行する既存《きそん》のものも、たくさんあるから、（自分たちが）やれることは、みんな、まねしてぶつけてきます。

これは、ある意味で、今、君らとまったく同じ立場にあるわけよ。「何とかして足をすくってやろう」という勢力がたくさんあるだろう？　うちだって、そんなのに周りを囲まれているんだ。

だから、幸福の科学さんから批判されるとよけいに困るので、批判はやめていただいて、ほめてだけいただくと助かるんですけども（笑）。

本当に、うちも同じ状態で、〝オオカミ〟の群れのなかを独《ひと》り走っている〝ウサギ〟のようなものです。

3 ユニクロ成功の秘訣《ひけつ》とは

ドラッカーの「経営思想」で成長してきたユニクロ

三宅　先ほど「経営書を読まれていた」とおっしゃっていましたが、どのような経営書を読まれているのでしょうか。

柳井正守護霊　これは、ばらしてあるから、言っても大丈夫《だいじょうぶ》だと思うけど、いちばん安全というか、ばらして大丈夫なのは、「ドラッカー」だね。それを言っておけば、無難《ぶなん》だし、だいたい、みんな読んでいます。私も、擦《す》り切れるほど読み込《こ》みました。

ドラッカー先生の考えを入れなければ、多角経営というか、多店舗《てんぽ》経営をしたり、海外まで出店したり、人に大胆《だいたん》に任せたりという考え方は、なかなか出ないからね。

そういう意味での「経営における楽天主義」は入ってるわな。

まあ、ドラッカー先生の経営思想は、戦後日本を引っ張ったと思うし、あの思想は、日本の高度成長期と合っていたから、いろいろな会社を育てたところもあるんだけど、「高度成長期が終わったあとに、あの思想を使って広げている」というところが味噌《みそ》だよな。それは、普通《ふつう》はできないことで、今、高度成長期に合った思想でやったら潰《つぶ》れるんだよ。普通のところは、店をたたんでいくだろう？

昨日、やっておられたようだけど、稲盛和夫《いなもりかずお》さんのＪＡＬ《ジャル》再建の話を聞いても、路線をどんどん閉めていって、人を減らして、減量経営をやって、要するに、減収増益を目指してやっているよね？

やはり、今の不況《ふきょう》期には、利益の出ない店を閉めていき、利益の出るところだけに力を入れて、人材もお金も投入していくのが普通だよ。

そういうなかで、日本の高度成長を支えたようなドラッカーの経営思想を使うのは、ある意味では逆説的で、ある意味ではチャレンジングで、ある意味では、ほかの経営者を煙《けむ》に巻いているところもある。でも、ある意味では本心なんだ。宇部《うべ》の一洋品店が、世界企業《きぎょう》になろうとして、「目指せ！　五兆円」とやっているわけだからね。

幸福の科学から刺激《しげき》を受けているらしき柳井氏

柳井正守護霊　いや、君らからも影響《えいきょう》を受けたよ。君らも、話は大きいからな。

三宅　大川総裁の著書も読んでいらっしゃったのですか。

柳井正守護霊　それは、そうだよ。君たちも、話が大きいだろう？「目指せ！　世界宗教」か？　「目指せ！　百万人」とか、「目指せ！　一千万人」とか言うておったのも、ずいぶん昔のことだよな？

やはり刺激《しげき》を受けるなあ。それは受けるよ。

三宅　それでは、「幸福の科学が、二〇二〇年にゴールデン・エイジを築く」というのと同じで……。

柳井正守護霊　ああ、一緒《いっしょ》じゃないの。ドンピシャだよ。

三宅「二〇二〇年には、世界でいちばん革新的で、経営効率のよい企業となり、売上高五兆円、経常利益一兆円を達成すべく、日々挑戦《ちょうせん》をしている」。

柳井正守護霊　うん、いいねえ。

三宅「グローバルブランドを目指している」というわけですね。

柳井正守護霊　そのとき、幸福の科学の信者は、みんな、ユニクロの服を着るんだよ。

三宅　（笑）

柳井正守護霊　精舎《しょうじゃ》で修行《しゅぎょう》するときも、ユニクロのユニフォームを着て、会社に行くときも、ユニクロの物をつけていく。運動したいときには、ユニクロのヒートテックを着て脂肪《しぼう》燃焼をさせる。

まあ、そういう感じで共存《きょうそん》共栄できたら、今日、出たかいがあるんだがなあ。

「創造性」と「宣伝」で、顧客《こきゃく》にインパクトを与《あた》える

三宅　（笑）「これから、やっていきたい」と思っていることのなかで、まだ言って

はいけないことを、ぜひ、ここで言っていただけると……。

柳井正守護霊　そう、訊《き》いてくるだろうなあ。でも、言ってはいけないことを言ったら、守護霊は〝クビ〟なんだよ。

三宅　（笑）どんなことが……。

柳井正守護霊　いや、〝クビ〟になるから、そうならないところで、うまいこと逃《に》げないといかんのだけど、（質問者には）ややジャーナリスティックな人も座《すわ》っているし、やや金儲《かねもう》けのうまそうな人も座っているから、「ちょっと危ないな」と思って、用心しているんだけどな。

三宅　ぜひ、少しでも垣間《かいま》見させていただけると……。

柳井正守護霊　まあ、とにかく、創造性には注目しなくてはいけないと思うんだ。普通、日用品とか、カジュアルなものとかは、創造性が低いんだよ。どちらかと言うと、希少品のほうが創造性は高くて、カジュアルに使うものは創造性が低い。だいたい、使い捨てていいようなものだからね。

そのカジュアルなもののなかに、創造性を追求するところが、やはり差別化というか、他との違《ちが》いを生んでいるのではないかな。カジュアルのなかに創造性を打ち込んでいくんだ。

高付加価値のものに創造性を打ち込んでいくのは、そんなに難しいことではないと思うよ。だけど、「安売り」というのは、普通は、「安かろう悪かろう」だよな？電球で言えば、「一年間も点《つ》いているような電球ではなくて、できれば一カ月で切れる電球がいいし、それが一週間で切れて、さらに一日で切れたら、毎日売れるから、もっといい」というようなものだよ。

ただ、そういうもののなかに、他社との違いを入れながら伸《の》ばしていくわけで、このへんが妙味《みょうみ》だ。

あとは宣伝だな。キャッチコピーでの売り込み方や、顧客《こきゃく》への衝撃《しょうげき》の与《あた》え方が、やはりあると思うんだよ。こういうのは、うちだけではなくて、アップルコンピュータのアップルにもあったと思うし、今は調子が悪いようだけども、少し前のソニーさんにも、そういうところがあったわな。宣伝で打ち出して、顧客に衝撃を与えるところがあったよ。

ただ、それは、けっこう、トップのクオリティにかかわっているところもあるので難しいんだけどね。

いや、君たちも、十分に衝撃的だよ。宗教としては、極《きわ》めて衝撃的な存在で、あまりに異質すぎるから、村八分にされかかっているんだよ。

君たちは、宗教でもなく、政治でもなく、マスコミでもない。ある種、得体の知れない、宇宙から来襲《らいしゅう》した〝異生物〟が増殖《ぞうしょく》している感じに見えているんだ。

綾織　むしろ、当会は、全部を含《ふく》んでいると思います。

柳井正守護霊　ああ、そう？　まあ、そうかもねえ。

「ダイエー・松下《まつした》戦争」についての見解

綾織　尊敬する経営者として、松下幸之助《まつしたこうのすけ》さんの名前を挙げられていますが、経営のやり方を見ていますと、松下さんと違うところが、かなりあるように思います。

柳井正守護霊　いや、田舎者《いなかもん》の二代目の小倅《こせがれ》とは言え、いちおう大学で勉強はしたからね。まあ、早稲田《わせだ》の政経で、〝天ぷら学生〟をやっていたから、ほとんど記憶《きおく》は残っていないけども、いちおう、「学生時代にドラッカーを読んだような気がする」というぐらいのレベルには、かすかにでもかすらないと、早稲田の政経だって卒業はできない。たとえ、記憶がゼロでも、レポートや試験の前に、少しは覚えているぐらいのところまでは要《い》るわけよ。

松下さんは、そういう正規の勉強はしなくて、体験から学んでいかれた方だからね。

もちろん、本になって残っているから、松下さんから学ぶことは多いけども、どちらかと言えば、私は、体験論的に経営を把握《はあく》するよりも、経営書等を読みながら作戦を考えたりするほうに適性がある感じはするね。

それは、やはり違いがあるので、幸之助さんよりは、ドラッカーさんのほうに影響を受けたかな。

綾織　特に松下さんと違うところは、価格についての考え方であるように思います。

柳井正守護霊　ああ、それはあるな。

ここは、大川総裁のご裁定《さいてい》が入るところだろうから、私にも、少し分かりかねる。

ただ、松下電器……、まあ、今のパナソニックか？　パナソニックよりも松下電器と言ったほうがなじみがあるので、松下電器と言うけど、その松下電器とダイエーとの〝戦争〟が、長年、続いたよね。

松下は、適正価格を求めた。「原価に適正な利潤《りじゅん》が乗らなければ商品が成り立たない」「みんなが努力して、汗《あせ》を流してつくったものだから、それだけの適正利潤を頂かないとやっていけない」と考えて価格を決めるのに、ダイエーが安売りをかけるわけだ。でも、「ダイエーに行ったら、松下の製品を安く買える」となれば、松下のチェーン店が、みんな、困ってしまうだろう？　〝戦争〟になるのは当然だよね。

一方、ダイエーはダイエーで、「安売り哲学《てつがく》」を持っているから、「うちで買うのに、松下の系列店で買うのと同じ値段だったら、ダイエーなど存在の意味がない」となって、当然、哲学的に戦うよな。

それで、松下は、（商品の入った箱に）目には見えない秘密の番号を打ち込み、特殊《とくしゅ》な機械から光線を当てれば、ダイエーの仕入れルートが全部割れるようなところまでやった。ダイエーに言わせれば、「汚《きたな》いこと」までやって、探偵《たんてい》並みに、「どこの問屋《とんや》から仕入れて安売りをしているか」を割り出していったわけだ。そういう大喧嘩《おおげんか》を、ずっとやったよな。

まあ、ダイエーさんも、自分たちで独自にいろいろなものを開発するようになっていった経緯《けいい》もあったし、「どちらが正しいか」という経営学論争が長らく続いたよ。でも、バブル崩壊《ほうかい》期を迎《むか》えたら、ダイエーが経営破綻《はたん》した。土地担保型で経営を大きくしていった部分には、安売りの部分と理念的に合わないものもあったのでね。だから、最後の段階では、「適正利潤を求める」「本業ではないものに手を出さない」という、幸之助さんの考え方のほうが残ったのかもしれない。

だけど、そのときは、それで勝負がついたけども、そのあとで不況が来たら、今度は、ニューヨーク帰りの渋《しぶ》い顔したおじさんが社長になって、大リストラをやったでしょう？　あの人、誰《だれ》だったたっけね？

綾織　山下俊彦《やましたとしひこ》さんですか。

柳井正守護霊　山下の段階ではない。もう少しあとだ。

会場の男性　中村邦夫《なかむらくにお》さん。

柳井正守護霊　ああ、中村だなあ。あの渋い顔をしたおじさんだよ。

「松下（幸之助）さんの信奉者《しんぽうしゃ》だ」と言いつつ、全然、正反対のことをずっとやった。温情経営をやめて、アメリカ型の経営をやり、ダウンサイジング（規模縮小）をやったり、リストラをやったりしたんだけど、けっこう、立て直して、V字回復させてしまった。これで、「幸之助神話」が崩《くず》れた。

しかも、松下家の追放をやり始めて、（幸之助さんの）息のかかった人を外していった。今では、(社名も）パナソニックになって、〝本家《ほんけ》〟を忘れさせようとする方向に行っているよね。「それをやらないと、やっていけない」ということで、ＪＡＬの再建と同じようなスタイルをとったわけだ。

まあ、そういうこともあるので、「何が正しいか」ということは分からないんだけど、「いつの時代にも通用する経営理念や経営哲学があるか」と言えば、なかなか難しいものがある。

内容的に矛盾《むじゅん》することが出てくるので、その局面局面でケーススタディとしては使えるんだけど、「この場合には、どちらを使うか」ということは、やはり分からないな。

「安売り戦略」と「高付加価値戦略」は両立可能か

柳井正守護霊　安売りが正しい場合もあるけれど、ユニクロで「安売りをやめます」というような宣伝を出したこともあるよ。みんな、頭がクラッとくるだろうね。

「安売りをやめます」と言って、やめているわけではないんだけど、ユニクロが、「安売りをやめます」と言ったら衝撃が走るわけよ。「ええっ！　いったい何なんだろう?」と思って、見に来なくてはいけなくなるじゃない?　一回、見に来なくてはいけなくなるだろう?

まあ、要するに、「安売りをやめたわけではないんだけど、高級品も売ります」というやり方だな。

ただ、「デザイナーも入れて、高付加価値商品を売るという高級戦略」と、「安売りで伸ばしてきた戦略」とのダブルスタンダードが、はたして経営学的に成り立つかどうかについて、今、大川総裁は、「難しいのではないか」と、クエスチョンを付けておられるんだろうと思うんだよ。

綾織　そういう意味では、「松下さん的な考え方」と、「中内《なかうち》さん的なやり方」が、両方、同時に走っている状態なのですね。

柳井正守護霊　はっきり言って、入ってるわな。

高付加価値のところは、万一《まんいつ》の場合、潰れないために取っておかないといけない部分だよな。全部が安売りだと、潰れることがないとは言えない。もし、世界中で安売り合戦《がっせん》に入ったら、どの順で潰れていくかはあるかもしれないけど、恐竜《きょうりゅう》が死滅《しめつ》したように（すべてが）死んでいく可能性がないわけではないのでね。

逆に、好況になって高級品が売れ出したときには、安売りのほうを見向きもしなくなることだってある。みんな、高級ブランドに手を出して、安物は見向きもしなくなることはあるわけよ。

やはり景気には必ず変動があるし、その変動の波には、三年ぐらいの小さな波から、五年、十年、二十年、四十年、七十年と、いろいろな波があるので、絶対に好況と不況との両方が出てくるんだ。

そう考えると、「安売りのカルチャー」と「高付加価値のカルチャー」の両方を持っていて、時期によってウエイトを置き換《か》える戦略もやらなくてはいけないんだが、これを同じブランドでできるかどうかは厳しいな。

プラダのように高級戦略をやっているところは、それを通したほうが楽は楽だし、シャネルのようなものも楽は楽だけど、「高級シャネルと、安売りシャネルとを同時に出したらどうなるか」と言えば、安売りシャネルのほうは、中国製の偽物《にせもの》をつくったように見えるわな。

だから、ブランド破壊は、そんな簡単にできるものではないんだが、今、そういう矛盾したものができるかどうか、難しいところをやっている。

俺《おれ》は、よくしゃべるんだ。ごめんな。

今、旗艦《きかん》店を、銀座とか、ニューヨークの五番街《ごばんがい》とかに出しているから、（テナント料が）高いんだよな。ニューヨークの五番街なんか、基本的に、安売りだけで出せる所ではない。実際上、それをやったら潰れるよ。やはり、そういう所では、高級ブランドを持っていなくてはいかんわな。

「ドラッカーの指導を受けている」と語る柳井氏守護霊

北林　今、ユニクロでは、安売りと高付加価値を掛《か》け合わせ、また、異質なものを組み合わせることで、コラボTシャツを出されています。

安い素材でありながら、ディズニーやルル・ギネス、バービーなどの、いろいろなものとの組み合わせによって、多様性を出し、差別化をしていらっしゃると思うのですが、この「創造性の秘密」というか、「アイデアが、いったいどこから出てきて、どういう戦略でなされているのか」をお教えいただければと思います。

柳井正守護霊　さあ、どこから来るんだろうねえ。

まあ、フリースなどは、安いけど、発想的には新しいものだったよね。

だから、「どこから来るのか」と訊かれれば、この世的には、「『本人の勉強』から来ている」と言わざるをえないと思いますけども、「あの世的にはどうであるか」

と言えば、やはり、「多少は、ほかにも先生がいて、指導してくれる場合がある」とは言えるわな。

北林　その「先生」とは、どなたでしょうか。

柳井正守護霊　うーん……。それを言うのは、フェアではないからさ。まあ、経営学の大家《たいか》とか、あるいは経営の大家とかで、私が好きな人は、向こうも好いてくれるという法則はありますので、私が尊敬している人は、向こうも手伝ってくれるわけですよ。

綾織　ドラッカー先生とは、直接、交流がある状態なのでしょうか。

柳井正守護霊　今は、できる状態になっているね。

綾織　そうなのですね。

柳井正守護霊　ええ。ドラッカー先生は、おたくにも経営指導をしているそうだから、（幸福の科学とユニクロは）〝兄弟会社〟のようなものなんだよ（注。ドラッカーの霊言《れいげん》はすでに三度収録している。『ドラッカー霊言による「国家と経営」』『ザ・ネクスト・フロンティア――公開霊言　ドラッカー＆アダム・スミス――』〔共に幸福の科学出版刊〕、『もしドラッカーが日本の総理ならどうするか？』〔HS政経塾《じゅく》刊〕参照）。

綾織　（苦笑）〝兄弟〟までいくかどうかは……。

柳井正守護霊　まあ、おたくもたくさんの支部を出し、海外にも出しているけど、けっこうドラッカー理論を使っているでしょう?
うちも、ご指導を受けているから、ある意味で、〝兄弟会社〟だよ。だから、仲良くしようよ。
君らも、そろそろ、服装を改善しないといけないのではないか。

綾織　ドラッカー先生とは、日常的に交流されている状態なのでしょうか。

柳井正守護霊　まあ、向こうさんも関心はあるからねえ。やはり、日本の企業が好きみたいだからな。

綾織　なるほど。

柳井正守護霊　「日本は不況で苦しんでいるが、必ず抜《ぬ》け出していくはずだ」と、ドラッカー先生は思っていらっしゃるわけだけど、そのためには、引っ張る企業が幾《いく》つか要《い》るからね。だから、幾つかのところに目を付け、指導をしているのではないかと思いますね。

綾織　日本企業の経営者で、ドラッカー先生から直接指導されている方は、ほかにもいらっしゃるのですか。

柳井正守護霊　いやあ、それは、かなり業界の秘密に近いのではないかなあ。そう言われて慢心《まんしん》するところが出てもいけないからさ。

だから、守護霊ないし、本人に徳があれば、そういう指導を受けられる場合もあるし、見放される場合もあるわけだよ。

ときどき快進撃するときがあるだろう？　そういうときには、指導を受けていることが多いのではないかな。

例えば、ビール会社のアサヒが、じり貧《ひん》になっていたところから快進撃したことがあったけど、そういうときには、やはり、指導を受けていたのではないですかねえ。

綾織　樋口廣太郎《ひぐちひろたろう》さんですね。

柳井正守護霊　それは、その人の徳に影響されると思うな。まあ、ユニクロは宗教ではないけど、うちも宗教みたいなものを目指しているんだよ。ユニクロという名前からして、〝一神教〟を目指しているんだよね。

綾織　（笑）

柳井正守護霊　つまり、「ユニクロだけあれば、世の中は回っていく」という世界かな。カジュアルの世界というか、カジュアルだけではないんだけども、これを起点として、ほかのものにも手を伸ばせるとは思ってはいるんだ。

ユニクロで、世界を真っ黒に染めよう……、いやっ！　真っ黒はまずかったな。

綾織　（笑）そういう考え方なのですか。

柳井正守護霊　あのー……、「世界を〝黒字〟に染めよう」と考えているところはあるわな。だから、うちも、〝一神教〟を目指しているよ。

君らだって、（ユニクロの）恩恵《おんけい》を受けているんだよ。支部長の上に、上級支部長が出てきただろう？　あれは、大川総裁が、ユニクロの勉強をしてつくったんだよ。

ほかの会社は、偉《えら》くなって本社に行けば、何も仕事をしなくても給料が高くて、肩書《かたがき》も高いから、みんな本社へ行きたがる。だけど、ユニクロでは、「利益を上げているのは現場だ。現場を大事にしよう」という考えなんだ。

綾織　ユニクロでは、「スーパー店長」というかたちでやっていますよね。

柳井正守護霊　その「スーパー店長」のことを、幸福の科学では「上級支部長」と呼んでおるわけよ。お互《たが》いに〝文化交流〟はなされているんだ。

ユニクロ成功の秘訣《ひけつ》は宗教から学んだ「思いの力」

綾織　逆に、幸福の科学から取り入れたものは、何でしょうか。

柳井正守護霊　そらあ、もう、だいぶ入っていますよ。

綾織　そうですか。

柳井正守護霊　うんうん。それは入っている。もう、霊的なパワーがね。

綾織　霊的なパワー？　ほう。

柳井正守護霊　やはり、吸い込んでいます。もう、ウナギを食べているような感じかなあ。

綾織　つまり、「信仰《しんこう》のレベルで取り入れている」ということでしょうか。

柳井正守護霊　というか、ほかのところが、こんなに苦しんでいるなかで、ユニクロがこれだけ成長し、さらに発展を目指そうとしていくには、そのなかに、やはり宗教的なものがないと無理だよ。

綾織　はい、はい。

柳井正守護霊　実は、「思いの力」を徹底的《てってい》に使っているんだよ。

私一人が、いっぱい、大きなことを吹《ふ》いているように見えるかもしれないけども、それによって、社員全体に〝魔法《まほう》〟をかけているところはあるわけよ。

その「思いの力」のところは、やはり、宗教の勉強をしないと駄目《だめ》で、松下（幸之助）さんの成功の秘訣《ひけつ》も、そこだろう？

綾織　はい、そうですね。

柳井正守護霊　宗教から学んでいると思うけど、これに気がつかない経営者で、大経営者になった人はいないんじゃないかな。

温故知新《おんこちしん》ではなく「イノベーション宗教」が幸福の科学の特徴《とくちょう》

綾織　ユニクロには、幸福の科学の教えで言えば、「ビジョンを明確にして、そこから逆算して努力していく」という「発展思考」的なところや、「失敗から教訓を学んで、成功につなげていく」という「常勝思考《じょうしょう》」的なところもありますよね（『発展思考』『常勝思考』〔共に幸福の科学出版刊〕参照）。

柳井正守護霊　「失敗しても跳《は》ね返す」という考え方は、生かしているよ。過去、失敗もたくさんしているよ。人を抜擢《ばってき》して失敗したことも、たくさんあるけどね。

でも、この宗教は、珍《めずら》しく、従来の宗教にはありえないような「イノベーション宗教」でしょう？　イノベーションをどんどんかけてくるんでしょう？

こんなのは、宗教にはありえない。宗教というのは、「故《ふる》きを温《たず》ねて新しきを知る（温故知新《おんこちしん》）」じゃないけど、とにかく、古いものを一生懸命《いっしょうけんめい》、読みこなす。だいたい、九十何パーセントの宗教は、そうなんじゃないかね。まあ、新宗教には、新しいところも、ちょっとあるけどさ。

だけど、（幸福の科学は）イノベーションをかけてくるでしょう？　新興宗教の教祖には、ほとんど企業経験があって、そういう傾向《けいこう》を持っていることはあるけど、実際は、必ず壁《かべ》にぶつかって、大を成さないね。信者一万人ぐらいが壁で、それ以上にはならない。

たぶん、教祖の経営能力的に、「一万人」っていうのが一つの壁だと思うんだよ。これを超《こ》えて大きくなるためには、経営能力の高い人が教団に入らなければいけないけど、そういう人を入れると、うまくいかなくなる。教祖様の意見と合わなくなるところがあるのでね。「宗教的には信じていますが、経営的には信じません」みたいな感じが続くと、仲が悪くなってくる。

だから、新しい企業を経験して宗教を起こしたような人でも、基本的に、「一万人」が、一つの壁だな。

これを破っていくには、やはり、大企業を創業できる遺伝子を持っていなければ無理だ。そうでなければ、実際に、（一万人を超える宗教は）つくれないわけだ。

幸福の科学ができたのは、うちと二年差かどうかは知らんけど、この二十六年の間に（収録当時）、大教団でも、創価学会《そうかがっかい》以外は、公称《こうしょう》信者数をどんどん減らしているじゃないですか。

幸福の科学が「増えた」と言っているのと同じぐらい、正直に減らしています。「公称信者数を減らす」ということは、「（幸福の科学の信者が増えていることを）みんなが知っている」ということでしょうからね。

〝老舗《しにせ》〟の天理教《てんりきょう》とか、あんなところまで〝食ってる〟んでしょう？　天理教や生長《せいちょう》の家あたりまで、どんどん公称信者数が減っていってるわけだから、あんたがたが〝食ってる〟ことは間違いない。

ここ（幸福の科学）も、日々イノベーションをしているし、次々と新しいものを出してくる。

幸福の科学を見て「マスコミとの戦い方」を研究したい?

柳井正守護霊　今は、あれだろう? 週刊誌に悪口を書かれたら、逆手《ぎゃくて》に取って、〝週刊誌いじめ〟をして、新マーケットを拓《ひら》いているんだろう? (注。収録当時、一部の週刊誌が当会を誹謗中傷《ひぼうちゅうしょう》する記事を載《の》せたため、その意図を明らかにすべく、編集長などの守護霊霊言《れいげん》を収録し、本として刊行したことを指す。『徹底霊査《れいさ》「週刊新潮《しんちょう》」編集長・悪魔の放射汚染《おせん》』〔幸福の科学出版刊〕参照)

綾織　それは、正当な反論をしているのです。

柳井正守護霊　ようやるなあ。いや、これはすごい! さすがだ。ユニクロでは、ここまではできないので、これはすごい。

「文春《ぶんしゅん》」や「新潮」を〝いじめて〟マーケットを広げようとし、「文春」や「新潮」が出している作家まで登場させている（『「文春」に未来はあるのか――創業者・菊《きく》池寛《ちかん》の霊言――』『芥川龍之介《あくたがわりゅうのすけ》が語る「文藝春秋《ぶんげいしゅんじゅう》」論評』〔共に幸福の科学出版刊〕等参照）。

その作家のファンまで、ついでに信者で取ったろうとしているんだろう？　これはすごいね。驚《おどろ》いた。もう、シャッポ（帽子《ぼうし》）を脱《ぬ》ぐわ。

綾織　ありがとうございます（苦笑）。

今日は、幸福の科学がテーマではなくて、ユニクロがテーマですので……（会場笑）。

柳井正守護霊　なーに言ってるの？　幸福の科学の研究に来たんじゃないか。これを研究しないで、どこを研究するんだ。今は、ここを研究しなければ。

綾織　ありがとうございます（笑）。

柳井正守護霊　ここがアイデアの源泉なんだからさ。幸福の科学がいかに戦うかを見て、やらなきゃいけない。「ユニクロ栄えて国滅《ほろ》ぶ」と言われても、言い返せないで、私だって苦労してるんだからさ。

綾織　はい、はい。

柳井正守護霊　こっちだって、たくさん失敗しているんだよ。

4 「ユニクロ批判」への反論

本職の言論機関に言論で勝つのは至難《しなん》の業《わざ》

綾織　せっかくの機会ですので、その「ユニクロ栄えて国滅《ほろ》ぶ」の記事に対して、どのように反論されるのか、お聴《き》かせいただければと思います。

柳井正守護霊　あれは、「文藝春秋《ぶんげいしゅんじゅう》」なんだよ。

綾織　はい、そうです。

柳井正守護霊　「文藝春秋」は、けしからん！

綾織　その意味では、当会と同じような立場に立っておられると思います。

柳井正守護霊　うんうん。「文藝春秋」は、けしからんなあ！　本当は反論したいんだけど、言論機関には口で勝てないからさあ。

綾織　はい。

柳井正守護霊　やつらは、「言論には言論を」と言うよ。言葉は、きれいだよな？「言論には言論を」って言うのは、きれいだけど、言論機関の人は本職なんだから、それに、ほかの業種の人が言論で勝てるわけがないじゃないの？　裁判も打てないし、「文春《ぶんしゅん》の人に、ユニクロの製品は売りません」みたいな看板も出せない。

そういうことは、京都ではあったよ。京都では、（地元の仏教会が）ホテルの建て直しに反対して、「宿泊客《しゅくはく》は、うちの寺には来ないでください」みたいなことをやっていたことはある。

まあ、お寺は、つくり変えられないから、ああいう〝独占企業《どくせんきぎょう》〟の場合はできるけど、うちみたいに、「どの宗旨《しゅうし》を持っている人でも、どこの会社の人でも、みな、お客さんだ」と考えているようなところにはできない。

そらあ、せめて、本を出したり、記者会見をしたりはするけど、本格的な言論人として反論できるわけじゃない。そんなことをやっていたら、会社が潰《つぶ》れてしまうからね。

綾織　象徴《しょうちょう》的に、「デフレの張本人」と言われていますが。

「デフレの張本人」と言われるのは、きつい

柳井正守護霊　きついねえ。長谷川慶太郎《はせがわけいたろう》先生も、そう、おっしゃったんだよなあ。俺《おれ》には、そんな気はなかったんだがな。「デフレの張本人」。やっぱり、そうかなあ。そう思うか？　これは公式見解か？

綾織　一部、当たっているところもあるかとは思います。

柳井正守護霊　うーん……。まあ、「安売りで、ほかを苦しめた」という面は多少はあるし、人口が増えているわけじゃないから、やはり、マーケットの奪《うば》い合いになる面はあるよな。

だから、「今日の成功は一日で捨てよ」というのは、言葉を換《か》えれば、「着た服を一日で捨てていただければ、もっとありがたい」ということかな。食料品は、食べればなくなるから、いくらでも生産できるけど、衣料品は一日で捨ててはくださらないよね。

だけど、一回洗濯《せんたく》して駄目《だめ》になるものをつくったら、クレームがたくさん来るからね。だから、そらあ、難しいなあ。

で、何が知りたい？　ええ？

「ユニクロ帝国《ていこく》主義で日本も世界も支配したい」という本音

綾織　せっかくの機会なので、正当な反論をしていただくほうがよいかと思います。

柳井正守護霊　ああ、そうかそうか。

綾織　ええ。

柳井正守護霊　「ユニクロが栄えて国が滅びるか否《いな》か」っていうことか。

いちおう、「ユニクロ帝国主義《ていこく》」を目指しているから、うちは〝一神教〟なんだよ。

〝多神教〟のように見えるかもしらんけど、本当は〝一神教〟なのでね。

本当は、俺、支配欲が強いんだ。日本を全部押《お》さえたいし、海外も押さえたい。

だから、「ユニクロさえあればいい」というふうにしたいけど、ブランドがけっこう分かれているから、なかなか、そうはいかん。

最高級ブランドでありながら、同時に安売りするのは、自分で股裂《またさ》きをかけているようなものだからね。

綾織　安売りだけを進めると、たくさん会社が潰れていき、デフレ不況《ふきょう》が深刻化していかないでしょうか。

柳井正守護霊　まあ、そういうのもあるけど、「転職」っていう考えもあるじゃない？　会社が大きくなることで、そういうところの人を拾っていってやるというか、潰れた会社の失業者たちを吸収していく。

うちが五兆円企業になったら、たくさんの雇用《こよう》を生める。うちが吸収してやれば、税金も払《はら》えるし、国にとってもいいじゃない？　宗教のほうで、たくさんの人を吸収したら、税金を払えない部分が増えるからね。

綾織　そんなことはありません。

柳井正守護霊　宗教が吸収するのは、ほどほどでいいんだ。

支配欲の強さは、原点にある「怨念《おんねん》」から来るものか

北林　今、「支配欲が強い」とおっしゃったのですが……。

柳井正守護霊　あ、君、目がきついな。

北林　（笑）それは、最初のほうでおっしゃった、「原点には怨念《おんねん》があった」というところと何かつながりがあるのでしょうか。

柳井正守護霊　あっ！　「怨念」で来たか。うーん……。

いや、（ユニクロを）始めるまでに、ちょっと親の信用がないというか、父親が死ぬまでは最大のライバルでもあったわけだけど、父親は、一、二軒《けん》の店をやっている程度で、「商売人としてはプロだ」と威張《いば》っていた。まあ、「先生」でもあったわけだけど、俺が考える近代経営学を理解せず、否定してきたので、それとの戦いがあったし、自分にも働かないでプータローみたいな状態でいることがけっこうあったので、そういう意味で、青春期の葛藤《かっとう》はあったよな。

（ユニクロが）始まったのは、三十五歳《さい》ぐらいだから、大川さんで言やあ、「エル・カンターレ宣言」（一九九一年七月十五日、東京ドームでの講演「信仰《しんこう》の勝利」にて。

『理想国家日本の条件』（幸福の科学出版刊）参照）をしたころの年齢《ねんれい》からスタートしたわけよ。

それがあるから、「若返りをしたい」と思って、五十代で（社長を）譲《ゆず》ろうと思ったんだけど、ほかの人では、ここまでできないので、しかたないから、六十代になっても、まだやっていますけどね。

怨念か……。怨念……。

いや、俺さあ、今日、悪いものを見ちゃったんだよ。午前中、大川さんは、『地獄《じ ごく》の条件――松本清張《まつもとせいちょう》・霊界《れいかい》の深層海流』（幸福の科学出版刊）という、何だか怪《あや》しげな本の原稿《げんこう》を校正しておられた。「怨念」という言葉は、そちらのほうに行くと少しまずいんだよな。

綾織　ほおお。

柳井正守護霊　ちょっとまずいので、それは、「飽《あ》くなき情熱」と言い換えたほうがいいかなあ。

三宅　何かに支配されて、「支配力が欲《ほ》しい」とか、「帝国をつくりたい」とか、考えるようになったのではないかと思うのですが、何かそういうことは……。

柳井正守護霊　でも、君さ、「（早稲田《わせだ》は）もう田舎《いなか》で、東京ではない」と言われつつも、いちおう都の西北にいてさあ、それで、「山口県の宇部《うべ》市で骨をうずめられるか」っていったら、やはり苦しいものはあるよな。「何とかして、都会に攻《せ》め上《のぼ》りたい」っていう気持ちがあるじゃないか。

「チャイナリスク」に備えつつ、世界企業《きぎょう》を目指している

綾織　これだけの企業《きぎょう》に成長させたわけなので、その怨念のエネルギーも、最初の

時点ではよかったのでしょうが、ただ、今後もそれを持ち続けると、マイナス面が出てくるのではないかと思うのです。

柳井正守護霊　だから、「世界企業になれるかどうか」というところに、やはり、壁《かべ》があるのよ。先ほど、「信者一万人の壁が宗教にはある」と言ったように、世界企業を目指して失敗したところは、たくさんあるだろう。

トヨタみたいに、経営が盤石《ばんじゃく》なところでも、タイで洪水《こうずい》があったりしたら、けっこううろたえているし。

いやあ、幸福の科学の本を読めば、「チャイナリスクがある」と言ってるからさあ。中国で、人件費を安くして、九割近く生産してたけど、中国も発展してきて人件費も上がってきつつあるし、国際紛争《ふんそう》や貿易摩擦《まさつ》等が起きた場合のリスクがかなりあるので、今、チャイナ以外の所に生産拠点《きょてん》を移すシフトも同時にやっている。

「売る現地で（商品を）なるべくつくるスタイル」に変えようとしているけど、

そうすると、やはり生産原価が上がるので、必ずしも安売りでは押せない。つくった国によって人件費が変わるから、先進国でつくれば高くなるわな。そういう意味では、高付加価値・高品質路線も、いちおう持っておかないと、ほかのところでリスクヘッジができないんでさ。

これは、いちおう、君らの本にだって影響《えいきょう》を受けてるよ。君らは、「チャイナは危ない」と言うじゃんか。

日本では一時期、ビジネスマンは、みんな「チャイナ、チャイナ」と言っていて、いまだに取り付いているところだけど、そんなに紛争リスク、政治リスクが出てくるんだったら、商人の世界と、ちょっと違《ちが》ってくる。万一《まんいつ》、ペナルティをかけられたりしたら、大変なことになるからね。

「小説のモデル」にされるような経営者になりたい

綾織　少しこだわって恐縮《きょうしゅく》なのですが、柳井社長は、「五兆円企業を目指す」「世界一を目指す」という目標を掲《かか》げておられます。

柳井正守護霊　うん。たぶん、半分の人は「潰れる」と思ってるだろうね。「五兆円企業を目指したら、潰れる」と、半分の人は思ってるよ。

綾織　ただ、怨念をもとに発展していったときには、かなり反発が出てくると思います。

柳井正守護霊　いやあ、それはねえ、やはり、目標にしている経営者っていうのがいるじゃない？　自分より何十年か前に、先発で始めて、大企業をつくられた方がさ。

そういう人の場合、何兆円とか、兆の単位まで行っていることがあるから、そのくらいまで何とか……。男一代の生き方としては、そんなものを遺《のこ》したいなあ。

今はもう書いてくれないだろうけど、司馬遼太郎《しばりょうたろう》や城山三郎《しろやまさぶろう》みたいな人が小説を書きたくなるようなモデルになって死にたいじゃない？（北林に）なあ？　〝岩崎《いわさき》さん〟。やはり、そうなりたいじゃないか。

北林　ただ、「ユニクロ栄えて国滅ぶ」にならないようにしなければいけないと思うのですが……。

柳井正守護霊　うーん、滅ぶかなあ。国も栄えるんじゃないかなあ。売上高が「兆」を超《こ》えたら、企業《きぎょう》にも政治性が出てくる

北林　ユニクロでは、社会貢献《こうけん》事業として、ユニクロの服を世界の貧しい所に贈《おく》られたり、柳井社長ご自身も震災《しんさい》があったときに個人の資産をご寄付されたり、そういう公益性のあることもしておられます。

そうすることで、世界から必要とされる会社になっていくのかもしれませんが、今、目指されている「世界一」とは、どのようなものでしょうか。あるいは、「常識を変えたい」と言われていますが、どのような世界を目指されているのでしょうか。その点について、教えていただければと思います。

柳井正守護霊　うーん……。まあ、経済のほうもやったけど、政治のほうも考えなければいけない時期に来ていると思うんだよな。

（売上高が）「兆」を超《こ》えたら、企業《きぎょう》にも政治性が出てくるのでね。兆を超えると、大きな影響が出てくるから、当然、国の政治や、あるいは外国との関係は出てくる。

私を批判する勢力としては、「ユニクロのせいで、中国があんなに発展した」と言って、逆に見ている者もいる。「工場をたくさんつくり、働き手をつくって、中国を豊かにした。それが日本との軋轢《あつれき》を生んで、GDPが逆転されてしまったのではないか。『世界の工場を中国に移す』ということを、みんながやり始めたから、そうなったのではないか」ということだよな。

まあ、そういう考えもあるけど、私は別に、ほかの所に移したって構わないよ。アフリカの「エボラ何とか熱」がなくなれば、アフリカに移ったって別に構いやしないさ。

だけど、「外国で、ものをつくるほうをやってもらう」というのは、昔、アメリカがやったことでもある。アメリカは、戦後、日本にものをつくらせて、日本が高度成長したあとは、チャイナや台湾《たいわん》のほうに移していったけど、先進国は、あとから来る国に仕事をつくってあげなければいけないんだよ。そうしないと、買うお金がないので、逆に輸出もできないからね。

「ユニクロ栄えて国滅ぶ」と言うけど、ユニクロが栄えて外国が外貨を稼《かせ》ぐことによって、日本のものを買うことだってできるわけだ。その意味では、日本の輸出品が売れるようになるわけで、トヨタの車が走らなかった国にトヨタの車が走るようになることだってありえるんだよ。

まあ、そのへんは、アダム・スミスさんを、もうちょっと信じて、「神の見えざる手」に任してもいいんじゃないかな。

「中国寄り」ではなくなった今の財界

三宅　柳井社長は、中国に対しては、そもそも、どのように思われていますか。

柳井正守護霊　うーん……。今、君らは映画（「ファイナル・ジャッジメント」）をやったりして、いろいろ派手にＰＲをかけているから、ちょっと心配はしているんだよな。

民主党政権ができるころ、財界のほうは、「中国寄りでやったほうが、今後もっと発展して、日本はうまくいく」と考えていたので、民主党政権にみんな賛成していたけども、今、財界のほうは離《はな》れてきている。親中でもないし、民主党寄りでもなくなって、ちょっと危険を感じてきている。

つまり、「アメリカとの関係が切れてしまうのは危険だ」と、みんな感じてきているので、今、ちょうど、その端境期《はざかいき》になっていると思うなあ。

だけど、うちは、トヨタじゃないから、アメリカで、全部、生産するわけにはいかない。あちらでつくるのは高いからねえ。ユニクロのよさがなくなる。

その場合、高品質ブランドをつくって売らないといけないので、今、一等地で売る実験をしているし、百貨店のなかに、どんどんユニクロが攻め込《こ》んで、百貨店でも売れるようなものにしなきゃいけない。

最初は、百貨店にユニクロが入ると、なんかイメージが悪くてさあ、「安売り店が、こんな百貨店に入っていいのか」みたいな抵抗感《ていこうかん》がすごかったけど、徐々《じょじょ》に成功しつつある。今、こういうリスクヘッジをして、構造改革ができるようにやっているけど、もし、そういう政治リスクが起きた場合は、確かに大変だな。

中国の黒字体質っていうか、金が貯《た》まったのが、もし、「ユニクロのおかげで中国に金が貯まって、おかげで日本が弱った」と言われるんだったら、ちょっと、それは困ったねえ。どうしたらいいんだろう。

アジアが平和に発展していくことを願っている

北林　それについて、ドラッカー先生からは、どのようなご指導があるのでしょうか。

柳井正守護霊　ドラッカー先生は心が広いから、そらあ、「日本が発展し、次に、アジアのほかの国が発展していくのはいいことだ」というふうに考えていらっしゃるんじゃないかな。

日本が発展するにつれて、アメリカの産業はたくさん滅びていったじゃん？　例えば、自動車産業はアメリカのものだったのが、もうほとんど、今はガタガタじゃん？　だいぶやられたし、ほかのものも、どんどん取られていっている。

今、軍事、宇宙、航空機器分野のところを死守しているんでしょう？　ここは、取られないように死守しているけど、ほとんど取られていった。

また、ちょっと前、日本が得意だったのは、衣料などの繊維《せんい》系だ。明治のころ、日本の輸出品っていうのは、ほとんど絹織物《きぬおりもの》ですよ。絹織物以外、何も産出しない（笑）。それは、司馬遼太郎さんも書いているよね。「こんな、絹ぐらいしか売るもののないアジアの小国が、今、世界に台頭しようとしている」みたいなことを、『坂の上の雲』に書いていたよね。

そんな感じだったけど、そういう衣料品をつくったりするのが日本以外の国に移っていくのは、当然だよな。

あとは、政治のほうで仲良くやってくれることが大事だし、財界からも、そういう意見を言うことが大事だ。

まあ、幸福実現党さんに関しては、あんまり早く戦争をしないようにお願いしたい。やはり、平和が貿易のもとなのでね。戦争をすると貿易が止まるから、なるべく平和にやってくれるとありがたい。

でも、占領《せんりょう》されるんだったら、ちょっと考えなきゃいけませんけどね。

5　ユニクロと宗教の関係

幸福の科学のような宗教とは相性《あいしょう》がいい

三宅　柳井社長のお考えはだいたい分かりました。
先ほど、「思いの力」というお話もございましたが、根本的な部分で、柳井社長の精神的なベースになっているものや、あるいは、何か信仰《しんこう》しているものがあるならば、それについて教えていただければと思います。

柳井正守護霊　うーん……。まあ、信仰心のようなものは、何かあるよ。それらしきものは、確かにある！　それは、ある！

三宅　どのような信仰でしょうか。

柳井正守護霊　それはねえ、だから、〝一神教〟なんだよ。

三宅　一神教ですか。

柳井正守護霊　なんかねえ、限りなく、一神教のようなものに憧《あこが》れるんだなあ。〝一神教〟なんだけど、商品はたくさん必要だから、〝多神教〟なんだ。一神教だけど多神教みたいな宗教に憧れるから、幸福の科学みたいな「至高神《しこうしん》」がいるが、ほかの神様もたくさんいる」という宗教とは相性《あいしょう》がいいような気がしないでもないね。だけど、ほかの宗教の人にも商品は買ってもらわなければいけないので、宗教的に、「これだ」っていうことは言えない。ほかの宗教の人がユニクロに来なくなったら困るからね。

その意味では、松下《まつした》（幸之助《こうのすけ》）さんなんかも、きっと、天理教《てんりきょう》の人にも買ってもらおうと思っていただろうし、創価学会《そうかがっかい》の人にも買ってもらおうと思っていただろうから、うちも、ある程度、（いろいろな宗教に対して）開いていなきゃいけないとは思う。

まあ、イノベーション体質とか、外国へ出ていく感じとかは、幸福の科学に共感するものを感じていますよ。

ユニクロは「幸福の科学と同じ問題」を抱《かか》えている?

柳井正守護霊　でも、ここには、そんなに安売りのイメージはないんじゃないかな。もともと〝高級ブランド〟なんだと思うけど、数を求めるだろう? 大きな教団になろうとするだろう? 大きな数を求めると、安売りして売り上げを上げる路線に似てくるんだよね。

だから、幸福の科学だって、本当は、うちと同じ矛盾《むじゅん》を抱《かか》えているわけよ。

つまり、「〝高級ブランド〟で、収入の高いインテリだけを相手にしている宗教」という、グレードの高いイメージだけを維持《いじ》すれば、「世界宗教」とか、「日本一の宗教」とかは言いにくくなるけど、両方を同時に目指しているでしょう？　その意味では、うちと同じ問題を抱えていると思うんだよね。

現実に、「幸福の科学の信者の主力は、年収一千万円前後の人である」っていうふうには聞いているよ。だいたい、そのあたりの層が主力であるので、「幸福の科学の信者の主力は、ユニクロの商品をあまり買っていないのではないか」ということまでは、見当がついているけども、今後、裾野《すその》を広げていって、信者数がもうちょっと増えていけば、ユニクロターゲット層が、かなり信者に入ってくるはずなので、まあ、そのへんは、よろしいかなあと思っている。

高級品を出すときに、（幸福の科学の信者の）上のほうの層が、ユニクロファンになってくれればいいな。

まあ、うちは新興宗教じゃないけど、新進企業《きぎょう》として、あまり宗教色を宣伝しすぎると、やはり、いろんなお客さんが敬遠するからさ。「この企業は、どこそこ系の企業です」みたいに言われると、ちょっと色が付くところがあるから、そんなにはっきりとは言えないけど、同時代に生きる者として、（幸福の科学への）関心は非常に深いよ。

発展・繁栄《はんえい》の神「ヘルメス神」からの間接的な指導もある

三宅　柳井社長がインスピレーションを頂いている方に、ドラッカー先生がいらっしゃると思いますが……。

柳井正守護霊　松下（幸之助）さんにだって頂いているよ。

三宅　そういう思想的なところでインスピレーションを頂いている方は、ほかにもおられるのではないでしょうか。

柳井正守護霊　そらあ、おたくで言やあ、ヘルメス神（地球の至高神エル・カンターレの分身の一人）かな。発展・繁栄《はんえい》のヘルメス神とは、おそらく、裏ではつながっていると私は思うよ。

ただ、ヘルメス神そのものが、直接、私を指導するというところまでは行かないので、財界人等の偉《えら》い方々を通して、ご指導を得ているんじゃないかな。

だから、どうか、「ユニクロが国を滅《ほろ》ぼした」みたいに、あまり言わないでいただけたらありがたい。

おたくにも、〝傘下《さんか》〟の企業がたくさんあって、「打倒《だとう》ユニクロ」を目指しているところがあるんだろうから、私の本を出すと怒《おこ》るかもしれないよ。ほかにも安売り店はたくさんあるんだろう？　そこが、「うちの本を出していただきたかった」みたいに言うかもしれないから、もしかしたら、裏切りに当たるかもしれない。

6　ユニクロの経営課題

「日本の下請《したう》け工場」から〝離陸《りりく》〟しようとしている中国

北林　ドラッカー先生は、あなたをご指導され、応援《おうえん》されているというお話でしたが、キッシンジャー博士の守護霊霊言《れいげん》のなかには、「中国では、人件費が高騰《こうとう》して、インフレが起きるから、ユニクロ型の企業《きぎょう》はもたない」という一説があります（『世界の潮流はこうなる』〔幸福実現党刊〕参照）。

ただ、「ユニクロ型の企業」とあり、ユニクロそのものは柳井社長が率いていらっしゃいますので、やや違《ちが》うのかもしれませんが……。

柳井正守護霊　あんた、厳しいねえ。三年前に、そんなことを考えた人は、ほとんどどいなかったのよ。みんな中国の脅威《きょうい》をそこまでは考えていなかったんだ。今では、かなりリアリティがあるけどね。

中国も、日本の下請《したう》け工場から、たぶん、〝離陸《りりく》〟しようとしてくると思うんだよ。中国は、シンガポールみたいな、「一人当たりの収入がすごく高い国をつくりたい」と思っているんだろう。少なくとも、南のほうはね。

そして、それを、ほかのところに再分配すれば、全体の平均所得も上がってくるからさ。

今、彼らは、次に、「日本人と同じぐらいの年収を得られるようにしたい」と思っているから、「技術力は、まだ日本のほうが上だけど、日本でつくれるようなものは、みな、つくれるようにしていきたい」と思っているわけでしょう?

だから、見方としては、非常に厳しい。

いやあ、ユニクロをいじめるのはやめようよ。

「高付加価値戦略」でコングロマリットを目指したい

綾織　今の時点で、ドラッカー先生は、どういうアドバイスをされているのでしょうか。

柳井正守護霊　ドラッカー先生は、幸福の科学も指導しておられるから、やはり、二つのブランドを発信しちゃいけないんじゃないかな。「幸福の科学に言うこと」と「うちに言うこと」が違ってはいけない。

うちも二〇〇〇年代に、一部、高付加価値戦略に変わってきているからね。「安売りをやめます」じゃないけども、一部は、そういうブランドをつくれるように、デザイナーを入れたり、高級店をつくって百貨店に入れたりしている。

「毎日、成功を捨てよ」と言っているから、いつでも切り替《か》えられる路線はつくっているわけだ。

はっきり言えば、今まで安いものを売っていた小売店の全国チェーン店であるダイエーが、高島屋に変わろうとしているような狙《ねら》いを、実は持っていないわけではない。

要するに、そうした高級店舗《てんぽ》をも傘下《さんか》に収めるようなコングロマリット（複合企業）的なものを目指しています。

それは、資本力が大きくなれば可能になると思う。

ブランドの複数化で「ユニクロを分裂《ぶんれつ》させつつ統合する」

柳井正守護霊　今、流通業界では、特に高級品を扱《あつか》っている百貨店で統廃合《とうはいごう》がどんどん進んできているので、経営的には苦しくなるところがたくさんある。

そういう百貨店などを経営的に苦しくしてきたのは、確かに、ユニクロみたいなところなんだと思うけど、郊外《こうがい》店舗で外から攻《せ》めていたやつが、今はもう〝天守閣〟のなかへ入り込《こ》んできている。百貨店のなかにユニクロを取り込むことによって、「ユニクロがたくさん物を売っても、百貨店自体が潰《つぶ》れないようにしよう」というわけだよ。

こちらとしては、百貨店のなかに攻め込んだほうが、ブランドを上げる効果があるからね。ほかの高級ブランドと並んで、百貨店にユニクロが入っていると、イメージアップになるでしょう?

そうすると、安売り店のほうは、だんだんできなくなるから、こちらの「川下」のほうは、だんだん系列子会社化をしていく。

まあ、三菱《みつびし》商事がローソンなんかを経営しているようなもんだよ。ローソンに「三菱商事」って書いてあったら、ちょっと恥《は》ずかしいだろう? 君たちも、「今日、三菱商事でおにぎりを買ってきた」と言うのは、ちょっと恥ずかしいだろう?

やはり、商社としては、大きなプロジェクトをやったり、大きな商売をしたりするのが仕事だよな。

三菱商事は、関連会社としてローソンとかも買収して持っていますよね。だから、そこでおにぎりだって売っているし、サンドイッチだって売っている。

そういうふうに、ブランドを分けなきゃいけない。

「川下戦略」（小売りに力を入れること）は強みなので、そちらのほうは押《お》さえる必要があるし、同時に、「ブランドのハイレベル化」もやらなきゃいけないので、どこかで「ユニクロ」というイメージが分かれてきて、「ブランドの複数化」をやらざるをえないかもしれない。

今、「M&A（合併《がっぺい》、買収）をかけていくなかで、ブランドの複数化が可能なのではないか」という感じがしているわけよ。

プラダのデザイナーを引き抜《ぬ》いたあたりで、だいたい考えは分かると思うけど、プラダは、なにせ高いよな？　ユニクロが千円を切るようなものを売っているときに、二十万円ぐらいのものを売るような店だから、それを入れることで、一種のカルチャーショックを狙っているわけだよ。

「ユニクロを分裂《ぶんれつ》させつつ統合する」というのは、あなたがたの言う〝多様なる価値観〟そのものじゃないか。

「総合的な経営ができる後継者《こうけいしゃ》」を育てることの難しさ

綾織　柳井社長は、後継者《こうけいしゃ》を育てるところで、大変な苦労をされていますが、やはり、なかなか難しいものが……。

柳井正守護霊　いや、これは難しいんだよ。こんな〝タコ足配線〟をし始めたら、もう、後継者が育たないんだよなあ。

綾織　はい、はい。

柳井正守護霊　分社経営までは、確かに、ドラッカー理論で分かるんだけども、たくさん分社していったときに、これらを総合して全部を束ねる経営者は、どうやったら育つのか。すべての経営をできる人がいないんでなあ。

だから、「降ろしてやればできるかな」と思って、私の後継者として社長をさせた人も、いったん社長を降りてもらうにあたって、ヨーロッパかなんかの担当で残ってもらえないかと思ったんだけど、「売り上げが目標に達しなかったので、責任を取ります」と言ってね。どうしても男の意地があるから辞《や》めていくでしょう？

君らのところは、ここをうまくやったよなあ。理事長なんか、何人も出たり入ったり出たり入ったりしているし、政党（幸福実現党）なんかには、「元理事長」がゴロゴロいたりして、実にうまくやっている。会社では、ここまでうまくはいかないんだよ。

君たちは、上がったり下がったりに、だいぶ慣らされているじゃない？　うまくやったなあ。これは、なかなか、そう簡単にはできないよ。

綾織　そうですね。

柳井正守護霊　これは、ちょっと難しいわ。

未来志向型で経営能力のある若い人を抜擢《ばってき》したい

三宅　柳井社長は、「五年間で二百人の経営幹部を育成する」と言っていましたが、六十五歳《さい》の引退まで、あと二年（収録当時）となっています。

柳井正守護霊　いやあ、それはねえ……。新規のことをやっているから、昔、学んだことは駄目《だめ》になってくるよな。

もとの洋服店みたいなカルチャーを持っている人が、そうは言っても、副社長や専務をできるわけじゃないからさ。

そういう意味で、今、コンサルタント系で高い給料を取っている人たちを、ほかのところからたくさん引き抜いて、ユニクロの幹部にしようとしているんだけど、なかなか、そんな簡単にはマスターできないしな。

かといって、経営者としてほんとに俺《おれ》より上の人間を呼んできたら、スティーブ・ジョブズみたいに、「一生、〝砂糖水〟を売り続けるのか」と言って他社（ペプシコーラ）から呼んできたやつに追い出されたりすることもあるからな。

そのときには、まったく違った会社になるからねえ。ジョブズのコンピュータの会社がペプシコーラになったのではたまったものじゃないし、ユニクロがおでんを売り始めたりするようになったら困るから、そのへんの悲しみはある。

でも、一兆円企業に届いてきたら、俺を超《こ》えるほどの経営能力のある人がリクルートで採れる可能性は、ほとんどないと思うんだよ。

これより大きな経営規模でやっている人は、みな、もう、そこで最終の「上がり」の人なのでね。

まあ、若い人のなかから、未来指向型で、能力を持っておりながら、まだ、それだけの地位と収入を持っていない人、その能力を誰《だれ》も見抜けていない人を、うまいこと抜擢《ばってき》して使い、〝大化け〟させられたら、うまいこと〝子飼い〟ができて、あとを引き継《つ》いでくれるだろうけど、今のところ失敗中です。

「五兆円企業《きぎょう》」を目指す過程で幹部の半分以上は落ちこぼれる

柳井正守護霊　一兆円の企業《きぎょう》を五兆円にするだけでも、普通《ふつう》は、幹部の半分以上は落ちこぼれるでしょうね。一兆円の企業と五兆円の企業とでは、「文化遺伝子」がそうとう違う。

だから、五倍にする過程で、幹部は落ちこぼれるんだよ。落ちこぼれて、辞めていかれる。

そのときに、次の人が育つかどうか。これは速度との戦いだ。

おたくに教えてほしいぐらいだよ。どうして、みんな、下げられても平気でいられるんだ？　教えてくれよ。ええ？　信仰心《しんこうしん》か？

三宅　大川隆法総裁のご著書を読んでいただいたり、当会の経営者向けの研修に出ていただいたりすると、よく分かると思います。

柳井正守護霊　うーん……。でも、最近、週刊誌で、除名されたやつが暴《あば》れているのがちょっと出ていたから、「宗教にだって、うまいこといかんこともある」というのは、勉強したよ。やはり、うまくいかんこともあるじゃない？

三宅　総本山・正心館《しょうしんかん》には、「二代目養成法」という経営研修もありますので、そういうものを受けていただいたらよいと思います。

柳井正守護霊　うーん、それはなあ……。いやあ、五兆円を目指すのはいいんだけど、「幹部がほとんどいなくなる」っていうのは、大変だからねえ。だけど、「五十代で辞める」って言っていたのが、九十までやらなきゃいけなくなったりしたら大変なことになる。これは、嘘《うそ》つきになるので、ちょっと困っているんだよね。

幸福の科学における人材抜擢《ばってき》の〝方程式〟とは

三宅　現在、柳井社長は、富豪《ふごう》のランキングで、世界で八十八位、日本では一位（収録当時）になられていますが、若い人で、未来志向を持った方や、経営者を目指す方にどんどん出ていただくためにも……。

柳井正守護霊　なんか、君らから〝お布施《ふせ》〟を要求されているように聞こえるんだけど……（会場笑）。

三宅　（笑）当会にも経営者の方が大勢おりますので、そういう方がたに、何かアドバイス等がございましたら頂きたいと思います。

柳井正守護霊　うーん。いや、こっちが聞きたいのよ。君(三宅)は若い女性だけど、何?　局長とか理事とか張っているのか?　その抜擢《ばってき》の〝方程式〟は、どういうふうにつくってるの?　それを、ちょっと教えてほしい。

三宅　いや、それは、大川隆法総裁の……。

柳井正守護霊　二十代で役員ができるんだったら、人材がいくらでも出てくる可能性があるんだけど、それには〝方程式〟が立たないとさ。

綾織　そのへんは、やはり、宗教を学んでいただくのがいちばんいいと思います。

柳井正守護霊　宗教？

三宅　はい。

柳井正守護霊　宗教か。

三宅　先ほど、「心の力を使う」ということをおっしゃっていましたが、やはり、それがベースになると思います。

「英語社内公用語化」の裏にある本当の狙《ねら》い

柳井正守護霊　まあ、今は、「英語社内公用語化作戦」に出ているんだ。楽天《らくてん》もやってらっしゃるけどさ。

三木谷《みきたに》さんは、ＭＢＡ（経営学修士）も取られていて、英語をご勉強されているから得意なんだろうけど、俺は、そんなにうまいわけではない。ただ、世界企業を目指すためには必要だと思って、そういう方針を出してはいるけどね。

ほんとは、「小売業をやったり、『八百屋《やおや》をやろうか』と思ったりしたような人が、いい格好をするんじゃない」って一喝《いっかつ》されるようなことではあるんだけど、「英語の社内公用語化」とか言うと、人材が集まるんだよ。

はっきり言やあ、外資系企業なんかには、本当は経営能力があるんだけど、その経営能力は使わないで、英語を使って、コンサルタント能力なんかで高給を食《は》んでいる連中がいる。

こうした人に部下を与《あた》えて〝陣《じん》〟を敷《し》かせたら、それなりに戦いができるんだけど、まだ個人でやっているのがいるんだ。つまり、「英語を社内公用語化することで、その種類の人材を集めてやろう」と狙《ねら》っているのよ。

彼らは、年が若くても、ほかの会社の年を取った重役たちを叱《しか》ったり、社長を叱ったりできるので、「これだったら、三十代や四十代ぐらいの人でも、もしかすると、海外展開をするときに戦力になるんじゃないか」と思っている。

おたくも、なんか今、英語にプッシュをかけてるらしいじゃない？　まねしてるんじゃないの？

北林　今、ユニクロが日本中、世界中に広がっているように、私たちハッピー・サイエンス（幸福の科学）も世界のブランドを目指しておりますので、一代で世界ブランドを築き上げられた成功の霊的な秘密を……。

柳井正守護霊　ユニクロ、楽天、ハッピー・サイエンス？　みんな、〝社内〟で英語が進んできているようだね。

ここは、なんか、なかでいろいろ教材までつくっているから、一歩進んでいるかもしらんがね（注。二〇一三年五月現在、大川隆法編著または監修《かんしゅう》の英語関連テキストを、会内向けに百数十冊刊行している）。

やはり、今は、国際ブランドを使わなければ、人材を集めるのが難しい。だから、（英語社内公用語化で）若手の優秀《ゆうしゅう》な人が集まってくるのは、間違いないよ。

安売りの小売店では、そんなに人材は来ません。早稲田《わせだ》卒だって、来てくれないですよ。ほんと言うと、「九百九十円のジーンズを売る」っていうだけでは来ないよ。実際は、面白《おもしろ》くないもん。

早稲田の商学部を出ていても、それはないよ。「もうちょっと学歴が低くてもいいのと違いますか」って言われちゃうよな。「山口の高等商業卒あたりでよろしいのと違いますか」「そろばんができたら、それでいいのと違いますか」って言われちゃうからさ。

やはり、大きな夢を与えないと、優秀な人は来ないんだな。だから、「五兆円企業」という目標のなかには、本音もあるけど、実は、リクルートも入っている。

7 柳井社長の「過去世《かこぜ》」を訊《き》く

ベンチャービジネス系のトップに共通する「教祖性」

三宅　柳井社長は、一代でユニクロを大きな企業《きぎょう》に育てられましたが、過去世《かこぜ》でも、似たようなお仕事をされていたのではないかと思います。そのあたりの霊的《れいてき》な部分についてはいかがでしょうか。

また、現在、ソフトバンクの社外取締役《とりしまりやく》も務めておられますので……。

柳井正守護霊　よう調べとるなあ。

三宅　はい。孫《そん》さんとの関係についても教えていただければと思います。

柳井正守護霊　孫はなあ……。孫と付き合うと〝損〟するんだけど、ほんまに（会場笑）。

俺《おれ》、本当は、ベンチャーみたいなのは、あまり好きじゃないんだよ。ベンチャーの仲間に分類されるのは、本当は好きでない。日本には、ベンチャー即《そく》「すぐ潰《つぶ》れる」っていうイメージがあるじゃん？　だから、あんまりベンチャーのイメージを持たれたくはないのよね。

まあ、ベンチャーではあるけど、ベンチャーではないような老舗《しにせ》のイメージというか、潰れずに長く続くブランドイメージをつくりたいと思っている。

孫さんのところとは、たまたま巡《めぐ》り合わせで、ちょっと付き合いができたので、それでやっているんだ。

お互《たが》い、「客が多ければ多いほどいい」っていう業種であることは共通してるわけよ。向こうも、できるだけ多くの顧客名簿《こきゃくめいぼ》を持ちたいところだけど、うちも、顧客名簿は多ければ多いほどいい。そういう意味では、宗教も、〝顧客〟はできるだけ多いほうがいいだろうから、まあ、みんな似たところがあるな。

孫さんも、ある意味で教祖みたいなものだと思うんだよ。ニュービジネスというか、ベンチャービジネス系は、みんな、トップに教祖性があるよな。

本を出したり、訓示《くんじ》を垂れたり、いろいろ名言を吐《は》いたりするので、教祖性があって、そのカリスマ性に惹《ひ》かれて人が集まってくるし、それに酔《よ》わされて、顧客が付いてくる。そういう意味では、宗教と変わらないんだよ。

だから、孫さんに、「新宗教をつくれ」と言ったら、つくれるんじゃないかなあ。あの人は、つくれるような気がする。

戦国武将の時代から、すでにあった「マネジメント」

三宅　やはり、過去世でも、教祖をされたりしていたのでしょうか。

柳井正守護霊　まあ、教祖が多い時代は、そんなにたくさんはないので、（過去世では）どちらかと言えば、豪商《ごうしょう》とか、武将とか、そんなのが多いだろうね。お互いね。彼もそうだけど、私も、そういうのが多いと思いますね。

綾織　柳井社長は、日本で、武将的な仕事をされたことがありますか。

柳井正守護霊　うーん……。ここは、最後にこれが来るんだよなあ。いっつもなあ。

綾織　先ほど、「陣《じん》を敷《し》く」という言葉もありました。

柳井正守護霊　うーん、ばれたかあ。チロッと出たな。うーん……。

綾織　戦国時代に生まれていたことがありますか。

柳井正守護霊　うーん……。厳しいねえ。この現代に商売する者はねえ、そういうところまで、はまってはいけないんだよ。

綾織　いや、人気が出ると思います。

柳井正守護霊　ええ？　人気が出るかなあ……。いや、出ない、出ない。

商業という意味では、昔は、そう大したことはないし、マネジメントという意味では、「ドラッカーさんがマネジメントを発明した」とは言うけども、実際、昔の戦国武将たちはマネジメントをやっていたと思うよ。

そういう意味では、「ドラッカーから始まった」っていうのは嘘《うそ》だと思うんだ。マネジメントは、昔からあった。「どうやって藩《はん》を豊かにするか」とか、「どうやって国を豊かにするか」とかいう意味でのマネジメントは、あったと思うな。

過去世《かこぜ》は「前田利家《まえだとしいえ》」とライバル関係にあった者

柳井正守護霊　本当は、「秀吉《ひでよし》だった」と言いたいんだけどなあ……。だけど、嘘を言ったらいけないよな?

綾織　はい。

柳井正守護霊　嘘は言ってはいけないけど、志は、そのへんに近いんだ。でも、本当ではない。だけど、気持ち的には、「太閤《たいこう》秀吉みたいに、草履《ぞうり》取りから天下取りまでを目指すようなタイプの人間であった」ということは言いたいなあ。

綾織　秀吉と同時代にいらっしゃいましたか。

柳井正守護霊　うん？　まあ、ヘッへへへへへへ。うーん、うーん……。そうだねえ……。

北林　豊臣《とよとみ》方の武将ですか。

柳井正守護霊　うーん……。おたくの昔の理事長にさあ、前田利家《まえだとしいえ》さん（生まれ変わり）がいただろう？　なあ？　前田利家さんが、ここの理事長を長く務められて、経営の基礎《きそ》をおつくりになったよな。

ああいう人と、いちおうライバル関係にあった人間だ。うん、うん！　でも、秀吉ではなかった。

分からないだろう？　それでいいんだよ。それでいい、それでいい。

綾織　はい。

柳井正守護霊　分からなくていい。

綾織　はい。分かりました。

柳井正守護霊　うん？　うん？

北林　柴田勝家《しばたかついえ》ですか。

柳井正守護霊　あれは負けたんじゃなかったっけ？

綾織　最後は、思いきり負けました。

柳井正守護霊　そうだよね。負けた人はよくない。負けた人はよくないから、そういう名前はないことにしよう。負けた人はよくない。やはり、成功して終わらないとね。ユニクロが五兆円を目指して潰れたようにイメージされるといけないからね。だから、最後に負けた人は、なしにしよう。

綾織　では、ここまでということで……。

柳井正守護霊　まあ、その付近だ。そのあたり。

綾織　はい。分かりました。

柳井正守護霊　うん。うん。

綾織　本日は、長時間にわたりお話を頂きまして、本当にありがとうございました。

柳井正守護霊　はい、はい。

大川隆法　（柳井正守護霊に）ありがとうございました。

北林・三宅　ありがとうございました。

8　今後の成功を祈《いの》りたい

幸福の科学の本をかなり読んでいるらしい柳井氏

大川隆法　この感じからすると、柳井さんは、私の本をかなり読んでいるでしょう。私も柳井さんの本を読んでいるので、お互《たが》いに研究し合っているようです。

綾織　問題意識には、非常に共通しているところがあると思います。

大川隆法　お互いに、流行《はや》るものとか、人を惹《ひ》きつけるものとかについては、研究しなければいけませんからね。

「信者獲得《かくとく》」と「顧客《こきゃく》獲得」は、業種は違《ちが》えども、ある意味では同じなので、当会のことを研究していると思われます。

うちも本をたくさん出していますが、この人も、本を読むのは好きなんでしょう？

綾織　そうですね。

大川隆法　私は、本をたくさん出しているし、経営関係の本（『経営入門』『社長学入門』『未来創造のマネジメント』『智慧《ちえ》の経営』〔いずれも幸福の科学出版刊〕等）も出しているので、読んではいるでしょう。自分の守護霊霊言《れいげん》を読んだら、「こんなものが出ていいのか！」と言って、びっくりするかもしれません（笑）。

先日、ディズニーの霊を呼んだところ、「ディズニーの霊言を聴《き》いた人は、そのあとディズニーランドに直行するように」というようなことを言っていました（注。本霊言の三日前〔七月二十八日〕、「ウォルト・ディズニーの霊言」を収録した）。

柳井氏の守護霊も、「本を出してもいいが、みな、ユニクロの服を買いなさい」

と言っていました。みなさん、なかなか商売熱心です。
当会のほうも、「霊言本を出してもらったら、社員に本を読ませて、幸福の科学の信者にするように」と言わなければいけないかもしれません。

綾織　しっかりと伝道をしていく必要があると思います。

大川隆法　伝道しなければいけませんね。
それで、社員が信者になったら、今度は、「信者はユニクロの服しか買ってはいけない」などと言われると困りますが（笑）。

業種を超《こ》えて研究される「生き残りつつ発展する〝遺伝子〟」

大川隆法　まあ、向こうも、当会に関心は持っているでしょうね。
新興勢力として出てきて、急に大きくなるものは数多くありますが、途中《とちゅう》で、敵が出てきたり、挫折《ざせつ》したりして、ほとんどが潰《つぶ》れていきます。しかし、生き残るものが一部だけあるのです。

その「生き残るものは何か」というのを、業種を超《こ》えて、みな、研究しているわけです。生き残るものは、数が少ないので、「なぜ、生き残ったのか」ということの研究には、みな、余念がないのです。

ただ、松下電器《まつした》の「二股《ふたまた》ソケットで成功した」という昔の話を、今、読んでも、インスピレーション的には、何も響《ひび》いてきません。やはり、現在ただいま、やっているもののなかにヒントがあるのです。

例えば、宗教の世界では、数多くの宗教が起きては、潰れて消えていったり、衰《すい》退《たい》していったりしていますが、そのなかで、まだ頑張《がんば》っているところについて、みな、「なぜなのか」ということを研究しています。

そういう意味では、お互いに研究し合っているのかもしれません。

確かに、当会も、多少は研究してはいますが、向こうも研究しているわけです。

私も、この人の本を、もちろん全部読んでいますが、向こうも、かなり研究はなさっている可能性があります。

綾織　そうですね。

大川隆法　そういう、生き残りつつ発展する〝遺伝子〟のようなものを取り出して示すことができれば、ノーベル賞ものかもしれませんが、なぜか、現実の〝戦《いくさ》〟は難しく、いろいろなことがあって、成功と失敗が出てきます。

確かに、柳井氏の「一勝九敗」的な考え方は、私の「常勝《じょうしょう》思考」の考えと一緒《いっしょ》なのかもしれません。

私も、失敗に学ぶタイプであるのですが、向こうもそのようではあります。そういう点は、よいのではないでしょうか。

政界や財界に影響力《えいきょうりょく》を持ち、存在感が出てきた幸福の科学

大川隆法　ただ、過去、大きな企業《きぎょう》ができるときに、宗教が影響《えいきょう》を与《あた》えてきたこともそうとうあります。当会も、いろいろなところに影響を与えていくようになって初めて、存在感が確かになってくるのではないでしょうか。

政界だけでなく、財界にも影響が出てき始めていますが、あと十年もたてば、さらに大きな影響が出るのではないかと思います。

綾織　柳井社長の守護霊にも、当会に対して、答えを求めているというか、アドバイスを求めているようなところがありました。

大川隆法　もうすでに、その感じはありますね。

私に対して、「もう少し年を取ってくれるとありがたい」というところでしょうね。

今、文学界や文芸界のほうにも、そろそろメスが入り始めて、アドバイスをし始めている感じになりつつあるかもしれません（本章3～4節参照）。

今日は、勉強になりました。今後のご成功をお祈《いの》りしたいと思います。ぜひとも、もっと発展なされて、世界を制覇《せいは》していただきたいと思います。

当会も、どのように〝チェーン店〟を世界に張っていけばよいのか、勉強してみたいですね。

今、おそらく、国内に八百店舗《てんぽ》ぐらいを、海外に百数十店舗ぐらいをお持ちだと思います。確かに、当会と似たような展開形式をしているので、今後の勉強にはなるかもしれません。

ぜひとも、生き延びてくださり、国を滅《ほろ》ぼすほうにならないことを祈りたいと思います。

それでは、以上とします。ありがとうございました。

第2章

ユニクロの世界戦略に変更《へんこう》はあるか

二〇一三年五月二日　収録

東京都・幸福の科学 教祖殿《きょうそでん》 大悟館《たいごかん》にて

質問者　※質問順
武田亮《たけだりょう》（幸福の科学副理事長 兼《けん》 宗務《しゅうむ》本部長）
秦陽三《はたようぞう》（幸福の科学常務理事 兼 宗務本部庶務《しょむ》局長）
［役職は収録時点のもの］

1　再度、「柳井社長守護霊インタビュー」を試みる

大川隆法　おはようございます。

　昨年、ユニクロの柳井社長の守護霊の霊言《れいげん》を録《と》りました（本書第1章）。当時は民主党政権下でしたが、今は自民党の安倍《あべ》政権下で、「アベノミクス」と言われる経済政策がとられていますし、外交では北朝鮮《きたちょうせん》や中国に対して、やや強硬《きょうこう》な路線のほうに変わっていきつつあると思います（注。収録当時。二〇一三年五月時点で、安倍総理は「村山談話《むらやまだんわ》」に関して「全体を受け継《つ》ぐ」と表明するなど、かなり押《お》し込《こ》まれてきた印象を受ける）。

　ユニクロの世界戦略や経営戦略、また、柳井社長自身の考え等に何か変更《へんこう》はあるのか、今はどのように見ておられるのか、少し関心のあるところです。「日本の政

治家も、官僚《かんりょう》も、三流どころか四流である」とおっしゃっている柳井社長ですので、今の政治状況《じょうきょう》のなかでどのような経営戦略を立てておられるのか、また、国の政策が変わっても、経営体としては同じようなやり方でできるのかどうか、このあたりのところを探《さぐ》ってみたいと思います。

現在の逆風下経済のなかでの成功者の一人ではあるし、大富豪《だいふごう》になったと認められている人でもあるので、「世界的に認められたい」という、すごい野心も持っておられるだろうと思います。

「当会も、勉強になることがあるのではないか」と考えています。

今日は追加分の収録のため、早めに取りかかりましょう。

武田　はい。お願いします。

大川隆法　それでは、ファーストリテイリング、ユニクロの社長、柳井正社長の守護霊をお呼びしたいと思います。

柳井社長の守護霊よ、柳井社長の守護霊よ。

どうか、幸福の科学 大悟館《たいごかん》に降りたまいて、われらに、あなたの考えておられる経済哲学《てつがく》、経営哲学、それから、日本のあり方等について、ご開示いただければ幸いです。

ユニクロの柳井社長の守護霊、柳井社長の守護霊。

どうか、幸福の科学に来たまいて、その考えを語りたまえ。

（約十秒間の沈黙《ちんもく》）

2　中国から撤退《てったい》しない理由

「尖閣《せんかく》問題」後の心境変化を訊《き》く

柳井正守護霊　（舌打ち）また悪い所へ呼ばれちゃったかなあ、ああ……。

武田　おはようございます。

柳井正守護霊　君らは、いじめるのが得意だからさあ。

武田　そうですか。

柳井正守護霊　ユニクロのシャツなんか着てくれないじゃないか。インタビューするんだったら、ちゃんとユニクロのを着て出てこいよ。

武田　前回は、そういうかたちで出させていただきましたので、今回は、少し趣向《しゅこう》を変えまして……。

柳井正守護霊　スーツじゃ、ちょっとなあ。

武田　冒頭《ぼうとう》に大川隆法総裁からもありましたが、前回、お話しいただいてから、さまざまな環境《かんきょう》変化が起こっています。

あのあと、すぐに尖閣《せんかく》をめぐる中国問題が起きましたし……。

柳井正守護霊　うーん、あっ！

武田　それから、年末には総選挙があり、民主党政権から自民党政権に変わりました。そして、今、「アベノミクス」と言われる経済政策が打たれ、世の中の状況《じょうきょう》が変化しているところです。

そういったなかで、「柳井社長は、今、どのようなお考えをお持ちなのか」ということについて、今日は短い時間ではありますが、論点を絞《しぼ》って、さらにお伺《うかが》いしていきたいと思っています。よろしくお願いします。

柳井正守護霊　いやあ、もう、俺《おれ》も急いでるんだよ。幸福の科学と変わらない時期に始めた会社が、一代で一兆円企業《きぎょう》のところまで来た。そして、今、「二〇二〇年までに五兆円企業にしたい」と言ってるけど、もっと寿命《じゅみょう》があったら、俺だって、安倍《あべ》さんに代わって首相でもして、日本の経済成長をやってみたい。そんな気持ちだなあ。

武田　なるほど。

柳井正守護霊　天下取りをしてみたい感じがする。天下取りだなあ。

武田　はい。天下取りですね。

柳井正守護霊　うん。

「今、あえて中国に打って出る」のがユニクロらしさ

武田　そこで、まずお伺いしたいのは、今、お話ししました中国関連についてです。

柳井正守護霊　ハハハ。

武田　現在、日中間の外交は非常に難しい状況にあると思うのですが。

柳井正守護霊　ああ、だから、それが面白《おもしろ》いんじゃないか。今、日本の企業はみんな退《ひ》いていくだろう？　外国のところも退いていくだろう？　そこで、打って出てるわけで、これがユニクロらしいところなんだよ。

武田　そうですね。公開されている経営情報を見ますと、特に、中国で店舗《てんぽ》を増やしており、事業規模が拡大しています。ユニクロにとって、「現在、世界でいちばん力を入れている市場」と言ってもよろしいですね？

柳井正守護霊　まあ、そうだな。

武田　「中国では、去年は六十五店舗、今年は八十店舗から百店舗を出店し、今後十年間は、さらに、毎年百店舗のペースで出店を続け、最終的には三千店舗にすることが目標」とのことで、かなり中国に特化しているように見えます。

柳井正守護霊　うん、うーん。

日本発・世界企業《きぎょう》になってユニクロの旗を世界中に掲《かか》げたい

武田　昨今の中国を取り巻く厳しい経営環境のなかで、あえて中国にシフトしていこうとしている狙《ねら》いや、「中国の未来を、どのように見ているのか」といった点について、お伺いしたいと思います。

柳井正守護霊　まあ、「逆張り」と言えば「逆張り」だな。ただ、ユニクロの成長に関して、中国には、ずいぶん役に立ってもらったのでね。「安い人件費」と「豊富な人口」に支えられてね。中国でほぼ完成品をつくって日本に輸入することで、そうとうの利益を上げた。それによって、安売りだけど、利益率の高い会社をつくれた。まあ、その意味で、（中国はユニクロの発展に）貢献《こうけん》したと思っておるよ。

でも、俺の本当の狙いは、中国市場じゃないけどね。まあ、アジアも含《ふく》めて、ほかのところも、全部、「世界支配」さ。何だか帝国《ていこく》主義者に見えるかなあ。

アメリカの企業《きぎょう》は世界中にあるだろう？

武田　はい。

柳井正守護霊　な？　だから、マクドナルドやコカ・コーラと同じようにさ、「ユニクロが世界中に旗を掲《かか》げている」ような感じにしたいんだよ。「日本発の世界企業」になりたいんでさ、必ずしも、「中国でなければいけない」という理由ではないんだけどね。

まあ、中国は、ある程度の人口数が見込《みこ》めるし、経済成長したとは言っても、所得水準はまだ日本人よりも低いから、「ユニクロのように、ある程度の安さもありながら、多少の高級感が出てきたあたりのものがフィットするだろう」と思う。ほかの日本企業は退いていくかもしれないけどもね。

安倍さんはどうするか知らんが、まあ、日本の首相がそんなに長くもったためしはないから、そんな政治状況なんかに合わせてやってられないね。

経営は政治のようにコロコロ変えたら信用問題となる

柳井正守護霊　経営のほうは、もう少し息長くやらなきゃいけないので、「継続性《けいぞく》」が大事だ。政治は「一年で交替《こうたい》」でも構わないけどね。そういう政治状況の変化に合わせてはやってられないんでね。

それでなあ、あんたらが思ってるのと違《ちが》うところが少しあって、日本は政治家は言うことをコロコロと変えて嘘《うそ》をつく。まあ、（政治家は）意見を変えても構わないかもしらんけど、経営者というのは、やっぱり、あまりコロコロと嘘をついて、方針を変えちゃ駄目《だめ》なんだよ。信用をなくしちゃうんでね。いったん撤退《てったい》して、また出るのは大変なんだよ。

武田　はい。

柳井正守護霊　まあ、せっかく浸透《しんとう》してきているところなんでね。焼き討《う》ちとか、いろいろあったにしても、「一過性のものだ」と判断しているので、こういう、日本企業が退いていったり、外国の投資が退いているときに、退かずに残って、増やしていったりすると、中国の政権と波長が合ってうまくいけば、もっと大きなシェアを一気に取れる可能性があるな。

向こうにだって〝揺《ゆ》り戻《もど》し〟が来るからさ。「何とか、日本の企業を呼び戻したい」という動きが必ず出てくるはずだからね。そのときに、逃《に》げずに残って、事業を拡大していたユニクロは、信用に値《あたい》する企業になる。まあ、そういうことを考えてはいるのさ。

安倍《あべ》政権に欠けている中国政策はユニクロが埋《う》める？

武田　では、日本の政治状況に関する社長の見立てでは、まず、「今の体制はそう長く続かないだろう」ということですか。

柳井正守護霊　ええ。日本の政治は頼《たよ》りない。これはもう、本当に、いちばん信用ならないわ。日本の政治っていうのは、中国どころじゃない。中国で言えば、毎年、革命が起きるようなもんだ。

武田　では、きっとまた、「中国に媚《こび》を売る」というか、「中国と協調する路線に戻るだろう」という読みですか。

柳井正守護霊　「媚を売る」っていうのは、「一定の立場」を示しているから、あまりいい言葉ではないけどさあ。

武田　「協調」ですか。

柳井正守護霊　いや、場合によってはだけど、「日中平和」をユニクロが実現するかもしれないじゃないか。なあ？　ユニクロという企業が中国に店舗を広め、中国人と平和共存《きょうぞん》できたら、今度は焼き討ちされるような関係ではなく、日中友好の印として、「商売や貿易を拡大していくためには、やはり平和でなければいかん」ということで、戦いを収めるよな。そういう政治的な役割だって果たせる可能性もあるじゃないか。

伊藤忠《いとうちゅう》の元会長（元駐《ちゅう》中国大使の丹羽宇一郎《にわういちろう》氏）は、まあ、大したことがなかったようだけども、私は、いちおう早稲田《わせだ》の政経だからね。あまり勉強はしなかったけど、政治だって少しは入っているからね。

武田　はい、存じています。

柳井正守護霊　だから、そういう考え方ができないわけではない。たぶん、今の日本人に欠けているところを、安倍《あべ》政権に欠けている中国政策のところを、私が埋《う》めようと思っている。ただ、「リスクの分散」は必要だから、中国以外のアジア市場でも、安い労働力で高いレベルの物がつくれるようにして、そちらにシェアを移し、増やしていくつもりではいる。

だけど、「中国を減らして、ほかを増やす」という考えではなく、「中国でも増やしながら、ほかの所も増やしていく」という考えだ。

これが、「一兆円企業」から「五兆円企業」への道。あと七年ぐらいで五倍増を目指しているからね。そのくらいやらなきゃいかんでしょうなあ。

武田　なるほど。「五兆円規模の世界企業《きぎょう》」という〝天下布武《てんかふぶ》〟は男のロマン

武田　ただ、先般《せんぱん》、中内㓛《なかうちいさお》氏の霊言《れいげん》を収録したのですが……。

柳井正守護霊　潰《つぶ》れたところだな。

武田　中内氏の霊は、ユニクロの経営方針に関し、「柳井氏は国際情勢の見通しが甘《あま》い」と述べていました（注。二〇一二年十月二十六日、『ダイエー創業者　中内㓛・衝撃《しょうげき》の警告』――日本と世界の景気はこう読め――を収録）。

柳井正守護霊　甘いのは向こうだわ。私は、新しい、最近の人なんだ。向こうは、もう過去の人なんだからさ。甘いのはあちらだ。

武田　さらに、「私なら全株を売って逃げる。ユニクロは八割の確率で潰れる」と。

柳井正守護霊　逃げる所ないよ、もう。

そうなったら、山口県の宇部《うべ》市に帰って、衣料品店の一号店に戻るしかないけど、私は別に構わないんだよ。あのなあ、もう、男のロマンだからさあ。親父《おやじ》からもらったオンボロ衣料品店一軒《いっけん》から始めて、今は一兆円企業《きぎょう》、そして、五兆円の世界企業を目指しているので、もし敗れたら敗れたで、また、山口に帰ってさあ、墓をつくって納まるのも、まあ、悪くはないよ。

戦国武将みたいなもんで、天下が取れるか取れないかは、一代の夢だからさ。武将は、みな、覇《は》を競《きそ》っていただろうけど、今、「〝天下布武《てんかふぶ》〟できるか」がかかっている。俺に残された時間は、もうそんなに長くねえからさ。あと十年ぐらいの勝負なので、世界的な企業家として認められるか認められないか、ここでやっぱり勝負をかけたいな。

まあ、松下幸之助《まつしたこうのすけ》さんみたいに、万一《まんいつ》、九十代まで命がありゃあ、余生で、政治にも少し〝ちょっかい〟を出してもいいと思う。もし、君らの政党が大政党になっとったら、そのときは入れてくれよ。俺が首相したるからさ。

中国国内の「シェア拡大」は日中友好に貢献《こうけん》できるか

武田　では、柳井社長は、中国との関係については、「協調路線に戻り、戦争などは起こらない」という方向に賭《か》けていらっしゃるわけですか。

柳井正守護霊　うん？　だから、「俺たちが人質《ひとじち》になってやる」って言ってるんだから、男らしいじゃねえか。

武田　ほう。

柳井正守護霊　まあ、「俺たち」と言っても、中国人従業員がほとんどで、日本人の従業員は一部しかいないけどもな。俺たちが残ってることで、ユニクロに雇《やと》われている中国人従業員たちは、「日本との友好関係を進めてほしい」と思うだろう？

武田　うーん。

柳井正守護霊　これも一種の民意だよな？　中国のシェアをものすごく大きくしていけば、「ユニクロが中国の雇用《こよう》を生んでいる。やはり、日本との友好関係を続けたほうが、中国の発展になるのではないか」という声が出てくる。

まあ、そういう世論《せろん》づくりの一部になっているわけだから、俺も、経済だけじゃなくて、政治をやっているわけよ。政経学部だからな。

武田　ただ、ユニクロは、今、世界的企業になりつつありますので、その責任は非常に重いと思うのですが。

柳井正守護霊　重いよ。うん。

武田　今、おっしゃった方向に「勝算あり」と思われているのでしょうか。

柳井正守護霊　うん、分からん。

武田　分からない？

柳井正守護霊　分からん。俺一代限りで終わる可能性はある。一回、社長を譲《ゆず》ったけど、取り戻したりしたりしているからさ。これは、幸之助さんのまねみたいに見えるかもしらんけど、まあ、お互《たが》い様だよな。

幸福の科学だって、大川さん一代で広げて、潰れるのか潰れないのか分からんのは一緒《いっしょ》だよ。これ、広げるだけ広げたら、あとは大変だぜ。

ユニクロ流「安売り」は共産主義と相性《あいしょう》がよい？

武田　ただ、当会は、中国に関する見通しはすでに立てていまして、柳井さんがおっしゃっているような楽観的な見通しとは違っています。

柳井正守護霊　ふーん。

武田　やはり、「中国と日本は、今後、厳しい関係になっていく可能性が高い」と見ています。

柳井正守護霊　いや、それは間違いだな。まあ、それは、君らの負けだ。それはもう負けだね。そういうふうに見たら、負けだよ。だって、向こうはもう、膨張《ぼうちょう》するしかないんだからね。

武田　そうですか。

柳井正守護霊　ああ。膨張するしかない。もし、アジア市場が中国に取られた場合でも、たぶん、ユニクロは生き残ってるよ。だけど、ほかの日本企業は、アジア市場で生き残れなくなるね。そこまで考えているからな。

秦　でも、日本との交戦状態になった場合、中国は共産主義の国家ですから、「ユニクロの全店舗を〝召《め》し上げて〟しまうかもしれない」というリスクがあると思います。

柳井正守護霊　いやあ、「安売り」は、実に共産主義に合うんだよ。「どこでも同じ値段で売っている」っていうのは、共産主義にはとてもよく合ってて、非常に歓迎《かんげい》すべき企業形態なんだ。もし、これが、高付加価値企業で、高いものを売っているようなところだったら、たぶん、あっという間に没収《ぼっしゅう》されると思うよ。高級品ばっかり売っているようなところだったら、「贅沢《ぜいたく》だ」と称《しょう》して、まずは、やり玉に挙がり、結局、〝処刑《しょけい》〟になると思う。

俺らみたいに、安売りをして、中国人の生活を豊かにしようとしているところから見ると、中国人って、思ってるよりも義理堅《がた》いんだよ。けっこう、そのへんはしっかりしてるんだよ。判断は、狂《くる》わないし動かないんだ。日本人のほうが冷たい。コロコロ、コロコロ、次々といろいろなブランドに浮気《うわき》していくけど、中国人は、そんな浮気はあまりしないんだよ。いったん約束したことは守る。
このへんを、あんたがたは読み違えているよ。

武田　そうでしょうか。

「二〇一二年夏の中国暴動」は想定内のカントリーリスク

武田　今、「中国に貢献《こうけん》した」とおっしゃっていましたが、昨年夏、中国で大変な暴動が起こったときに、実際には、ユニクロもかなりの被害《ひがい》を受けたのではないでしょうか。

柳井正守護霊　いや、過去、儲《もう》けさせてもらっているからね。

武田　その暴動が起きて、お店が壊《こわ》されそうになったのではありませんか。

柳井正守護霊　うん。その程度のカントリーリスクは、最初から予想されてたことだからね。

武田　それは想定の範囲《はんい》内だったわけですか。

柳井正守護霊　そらあ、中国に進出する以上、店が襲《おそ》われるぐらいのことも起きるのは、計算のうちに入ってるしさ。

武田　ほう。

柳井正守護霊　それよりも、やっぱり、「安さ」だよな。十分の一の人件費で、日本と同じレベルのものがつくれたら、やっぱり利益率が出る。要するに、うちは、半分が在庫になっても潰れない会社なんですよ。安売り店には見えるかもしれないけど。

その理由は、製造コストが低いことなので、これは、絶対に捨てられないんですよ。日本に（工場を）全部戻してごらんなさいよ。日本の人件費の高さは、もうたまんないよな。こちらのほうでは、あっという間に潰れちゃうよ。日本に全部引き揚《あ》げたら、ユニクロは潰れちゃう。

武田　今、社長は、中国人のことを「義理堅い国民だ」とおっしゃいましたが、実際には、お店を襲われていて……。

柳井正守護霊　あれは当局がけしかけてるんだから、しょうがないじゃないの。「ユニクロを襲わないでください。『尖閣は中国のものです』とかいうのを貼《は》った」と言われてるけど、私らには、あんな島、どうでもいいんだ。あそこでは商売ができないから、どうでもいいんだけど。まあ、ああいうのは警察がバックアップしていなければできないことなので、威嚇《いかく》してるだけのことだからね。

欧米《おうべい》よりも「発展途上国《とじょうこく》での勝ち」を狙《ねら》うユニクロ

柳井正守護霊　だけど、(ユニクロが) アメリカ市場で、それほど大きなシェアが取れるとは思えない。五番街《ごばんがい》に店を出して、ステータスをつくろうとはしてるけど、ユニクロの雰囲気《ふんいき》から見ると、どうしても安売りから入った感じがあるので、欧米《おうべい》でそんなに大きな勝ちは収められないだろう。発展途上国《とじょうこく》というか、これから大国になっていこうとする国あたりがいちばん狙《ねら》い目だね。

秦　ただ、中国政府は、「経済の論理」以上に、「政治の論理」で判断し、動いていくと思います。

柳井正守護霊　いや、そんなことはないんだよ。習近平《しゅうきんぺい》さんは経済をあまり分かってない可能性があるけど、だからこそ、うちみたいな、非常にシンプルで分かりやすい経営をしているところは、簡単に理解できるのでね。もしかしたら、私は中国で、日本人のまま、「大臣」か何かになってしまうかもしれないなあ。

武田　「それでもいい」と？

柳井正守護霊　うん。あの国は、けっこう、そういうふうに顧問《こもん》を呼んだりするようなところなんだよ。

日系企業《きぎょう》が中国から逃《に》げ出す今が「シェア独占《どくせん》」のチャンス

武田　中国の経済の見通しについては、どのように見ているのですか。

柳井正守護霊　まあ、ちょっと鈍《にぶ》りは出ているけれども、十パーセント以上の成長が続いてて、最近、やっと落ち込んだといっても七パーセント台になったぐらいでしょう？　そりゃ、日本みたいに、二十年もずーっとゼロパーセントでやっているところと、だいぶ違いがあるよな。

だから、まだまだ売り上げの増加を見込める。彼らは、豊かになるにつれて、購《こう》買《ばい》意欲も増してくる。でも、まずはユニクロあたりのレベルのものを買うことから始まるのでね。やっぱり、高級店までいくには、ちょっと時間がかかるだろう。

武田　そうでしょうね。

柳井正守護霊　私は、この際、「逆張り」で、今、みんなが逃《に》げてるときに、シェアを全部取ってしまうつもりでいる。

武田　なるほど。そこに「賭けて」いらっしゃるわけですね。

柳井正守護霊　ああ。ただ、リスクはあるので、ほかの国にも製造拠点《きょてん》を置いて、中国が全部焦《こ》げ付いたとしても、うちは潰れないような体質に持っていこうとしてるよ。

中国が「世界の工場」になったのはユニクロのおかげ？

武田　では、「去年の方針から変更《へんこう》した点はほとんどない」ということですか。

柳井正守護霊　いや、いちおう、全体的には、中国の製造シェアを〝発展的に〟減らす。全体の製造を増やすことによって、中国のシェア自体は減らすつもりでいるよ。

武田　ただ、店舗展開は、「中国で増やしていく」ということが中心のようですが。

柳井正守護霊　ああ、「これは、政治的なものだ」と、私は思っている。やっぱり、ある程度、日本の意地にかけてやらなきゃいけない。

武田　政治的なものですか。

柳井正守護霊　私は、〝経済界の新渡戸稲造《にとべいなぞう》〟なんだよ。だから、「日中の懸《か》け橋」になって、交渉《こうしょう》ルートを残さなきゃいかんと思ってるんでな。「中国が発展した理由」は、彼らがよく知ってるよ。中国が発展した理由は、ユニクロだよ。ユニクロのおかげで発展したんだよ。

中国製品は粗悪品《そあくひん》が多くて外で売れない。外国で売れなかったのを、ユニクロが一から全部教えて、完成品まで仕上げていき、輸出できるようになった。

さらに、日本と同じレベルまで上げていくところを、その安い労働力の人たちに教え込んで、輸出ができるようになった。それで豊かになって、「世界の工場」になっていったね。

まあ、そのへんはよく知ってるからさあ。

秦　ただ、発展していった結果、中国という国は、軍事力を非常に増大させ、日本にとって非常な脅威《きょうい》になっていますが、このあたりはいかがでしょうか。

柳井正守護霊　いや、俺を売国奴《ばいこくど》みたいに言う人がいるからさあ。まあ、おたくの歌手（トクマ幸福実現党青年局長）も、なんか言うとったみたいだけど、そういうふうに、単純に考えちゃいけないんだ。

商売においては、敵も味方もない。基本的には、ウィン・ウィン（win-win）の関係しかないんだな。

武田　そういう考えなんですね？

柳井正守護霊　うん、うーん。

3 「世界統一賃金構想」導入の狙《ねら》い

「ユニクロ＝ブラック企業《きぎょう》」説に反論する

武田　それでは、次の論点にいきたいと思います。最近、週刊誌等でも騒《さわ》がれていますが、柳井社長は、「世界統一賃金構想」というものを打ち出され……。

柳井正守護霊　ハハハハハ……。来たかあ。

武田　ええ、話題になっています。まあ、少し言葉は悪いかもしれませんが、今、ユニクロは離職率《りしょくりつ》が高い状況《じょうきょう》にあり、「ブラック企業《きぎょう》ではないのか」というような記事も出ています。

そこで、まず、「世界統一賃金構想」の狙《ねら》いを、社長からお伺《うかが》いしたいのですが。

柳井正守護霊　まあ、分かってるんじゃないの？　「世界統一賃金」にしたら、どうなるかと言えば、日本がすごく高く見えるに決まってるじゃない。なあ？

武田　そうですね。

柳井正守護霊　そうすると、安いほうで製造したくなるし、日本で能力の低い人の給料は自動的に下がっていくわな。

武田　なるほど。

柳井正守護霊　国際競争力のある人だけは給料が上がるけど、そうでない人は下がる。だから、正社員の給料をパート並みに下げる、非常にいい圧力になるだろうね。「おたくでやらなくたって、ほかでつくれるんだから」と言えば済むからね。

日本では、単純労働でも、すごく高い給料を払《はら》うからなあ。なのに、安倍《あべ》さんは、「給料をもっと払え」って言ってるんだろう？　もう、海外でつくらないとしょうがないよな？

武田　逆のことをしようとしているわけですね？

柳井正守護霊　でも、もう、海外でつくらないと、しょうがないよな？

だから、「世界同一賃金」をやって、「同じ仕事をしたら同じ賃金を払います」と言ったら、普通《ふつう》に考えれば、これは、日本人にとって「逆競争」になる。

高級品であれば、日本との競争に勝てなくても、例えば、賃金が日本の百分の一なんて国でつくれるように仕込《しこ》むことができれば、逆に、日本のほうが競争に勝てなくなるわけだ。

まあ、そういう意味で、もし、「安倍バブル」が発生して、エコノミーの大崩壊《だいほうかい》が起きたって、うちはビクともしないね。「崩壊したあとの姿」で、すでに出来上がっている。

日本国内は、すでにバブル崩壊を経験しているので、もう一回バブルが膨《ふく》れて破《は》裂《れつ》したとしても大丈夫《だいじょうぶ》なレベルに移行しつつあるわけで、うちは考えが早いのよ。だから、「『世界同一賃金』にすると、上は年収一億円から、下は百万円まで分化する」と言っているけど、幹部社員は、世界中で五千人いるかどうかぐらいだろうと思う。

賃下げで能力のない人が辞《や》めてくれるのは結構なことだ。うちもスクラップ・アンド・ビルドをやって、人が入ったり辞めたりしているので、「（辞めたい人は）辞めてくださってても結構だ」というわけです。

まあ、うちを辞めさせられた人の一部が悪口を書いているようだ。「リクルートは人材を『輩出《はいしゅつ》』したが、ユニクロは人材を『排出《はいしゅつ》』している」と言うてる人もいるけどね。

ただ、それは考え方次第《しだい》だな。日本ではそういうふうに見えるかもしらんけど、うちは、発展途上国《とじょうこく》にとって新しい経営や経済のあり方を教えて回ってるんだからさ。

マクドナルドは全世界にチェーンがあるけども、「マクドナルドがある国同士では戦争をしない」と言われてますよね。そういう文化的共有ができれば、(戦争を)しないで済むわけだからさ。

「能力のない人」には長く働き続けるのが難しいユニクロ

秦　その一方で、「離職率の高さ」が非常に話題になっていて、「新卒社員の五割が三年以内に辞める」とも言われていますが……。

柳井正守護霊　いや、それは、「強い企業」の証明だよ。

秦　しかし、数字的には普通ではない感じがするのですが。

柳井正守護霊　昔、「ノルマ証券《しょうけん》」って言われた野村《のむら》証券も、「一年で三分の一になる」って言われていたじゃない？　それは、「採ってから、能力の査定がすごく厳しい」ということだよな。

それと、よその日本企業みたいに、「一括《いっかつ》で採用して、一緒《いっしょ》に亀《かめ》のごとくスタートさせる」みたいなことはあまり考えてないんだ。「年中、採用。年中、クビ切り」を非常にフレキシブルにやる気でいるのでね。

だから、離職、結構ですよ。能力のない人には、辞めていただいたらいい。

能力のない人に、ずーっと長くいられるとさあ、そういう人でも、給料がどんどん上がっていくわけよ。分かってるでしょ？　やはり、ローコストで経営するためには、基本コストを下げなきゃいけないからさ。人間、単純な仕事なら、一年もすりゃあ、すぐマスターしてしまうのでね。本当は、その人たちの給料はあまり上がらないもんだよ。

だけど、高度な経営手腕《しゅわん》が必要とされるところまで行く人っていうのは、ごく一部しかいないのでね。まあ、そういう人には、それなりの優遇《ゆうぐう》をしていますよ。

そこまで行かない人に長くいられて、給料を上げて、一生を養わなきゃいかんっていう感じではない。私、外資系にちょっと近いんでさあ。大前研一《おおまえけんいち》さんとも親交があって一緒に本を出しているけど、外資系に近いのよ。まあ、幸福の科学だって似たようなものなんじゃないの？　何を言ってるんだよ。人のことを言うんじゃないよ。

世界企業《きぎょう》になれば人材採用を日本人に限る必要はない

秦　前回、後継者《こうけいしゃ》の問題で非常に悩《なや》まれていたので、少し心配していたのですが。

柳井正守護霊　それは継《つ》げないだろうよ。人は、天才のあとをなかなか継げないものだよ。

秦　そうですよね。

柳井正守護霊　まあ、それは、お互《たが》い、よく似たものだ。君らも、「先はない」と思っといたほうがいい。大川さんが生きているうちに退職しといたほうがいいよ。退職金をもらってね。

秦　ただ、「世界統一賃金」だと、よけいに離職率の高まる方向にいくのではないでしょうか。それで幹部人材が育つのでしょうか。

柳井正守護霊　だから、今、英語を社内公用語化してさあ、「世界同一賃金」にすれば、人材が日本から出なくてもいいわけよ。次は、中国人であろうが、韓国《かんこく》人であろうが、ベトナム人であろうが、まあ、どこの国の人でも構わない。要するに、英語で経営できるようにしとけば、経営幹部をよそから採れる。まあ、はっきり言って、日本からは、大した人材が入らないんだよ。

名前のある大学の優秀《ゆうしゅう》な人は、老舗《しにせ》の大手企業《きぎょう》、一流企業にばっかり入ってるけど、ユニクロあたりについては、まだちょっと下に見ている人が多くて、こちらが思うほどの人材があまり入らないんだよな。

まあ、それだったら、発展途上国にも、頭がよく、能力の伸《の》びてくる人はいっぱいいるんでね。給料さえ日本並みに上げれば、いくらでも頑張《がんば》ってくれる一流の人材が採れる。世界企業として見たら、別にそれでも構わないと思っているよ。

だから、「『俺《おれ》の後継者は日本人』という保証はない」ってことだよ。

武田　それでは、「日本におけるブランドの確立が不十分なための苦肉の策」というわけではないのですか。

柳井正守護霊　いやあ、ファーストリテイリングもユニクロも、海外で通用するような会社の名前にしてあるから、別に日本企業である必要はない。ソニーが、アメリカの会社だと思われているのと同じように、「ユニクロ」っていう世界企業が存在すればいいわけでね。これは、無国籍《むこくせき》企業であり、多国籍企業だな。

4 ユニクロの未来像

「安売りイメージを払拭《ふっしょく》したい」のは名誉心《めいよしん》から？

秦　そうしますと、今後も、安売り路線の方向で行くわけでしょうか。

柳井正守護霊　俺《おれ》さあ、年を取ったから、名誉心《めいよしん》が強くなってきたんだよな。こんなことを言っては、宗教にいじめられるかもしらんけど、「安売りだけで儲《もう》けた」みたいに言われるのは、あまり、うれしくなくなる年齢《ねんれい》になってきたんだ。

それで、今、ちょっと路線を変えて、高級品も売ろうとしている。「安いけど、品質は高い」というところから、次は「高級品も一部売る」というようなブランドを少し出していっている。まあ、銀座店も出したけど、ニューヨークとか、その他いろんな所に旗艦《きかん》店を出して、一丁前の一流ブランド店と肩《かた》を並べるところまで行こうとしているわけさ。

武田　それは、うまくいっているのですか。

柳井正守護霊　微妙《びみょう》だねえ。まあ、それには、「いい格好しい」の部分もあるよ。「そんな安いものを、そんな所で売るのはおかしい」っていう批判はけっこう聞く。そういう違和感《いわかん》を感じる人もいる。「銀座にユニクロがあっていいんですか」みたいな感じの批判は来るね。

武田　ブランドイメージですよね。

柳井正守護霊　「高島屋のなかにユニクロが入ったら、高島屋のレベルが落ちる」

とか言う人はいるよ。やっぱり、その感じはある。だけど、そのイメージを払拭《ふっしょく》しなきゃ。

秦　われわれにとって、ユニクロには、安売りのイメージがございます。

柳井正守護霊　いやあ、その安売りのイメージは、GAP《ギャップ》に全部返すよ。

秦　やはり、プラダやシャネルのようなハイブランドのイメージは、どうしても持てないのです。

柳井正守護霊　だけど、彼らに全世界制覇《せいは》はできないよ。基本的に金持ちだけを相手にする仕事になるからね。それが、ブランドイメージなんだろうけどさ。

そのうち、君らの制服を全部ユニクロに変えてやるさ。幸福の科学で、背広なんか着るんじゃないよ。みんな、ユニクロのユニフォームを着たらいいんだ。そうしたら、給料は安くなる。コストを下げなきゃ、宗教なんか成功しないよ。世界宗教になりたかったらコストを下げなきゃ駄目《だめ》だ。

「安売り路線」と「高付加価値路線」を両立できるのは天才

武田　ただ、「安売り路線」と「高付加価値路線」は矛盾《むじゅん》するのではないでしょうか。

柳井正守護霊　いや、これはできないんだよ。

武田　できないですよね？

柳井正守護霊　できない。できるのは、俺だけなんだ。だから、俺は天才なんだよ。

武田　本当にできているのでしょうか。

柳井正守護霊　うん。できている。安売りするには、普通《ふつう》、コストを下げるしかないですよ。そうしたら、単価と売り上げが普通はだんだん下がる。だけど、うちは、「安い労働力に高い技術を付けさせ、日本と同じレベルのものをつくらせる」という知恵《ちえ》を植え込《こ》むことによって、利益率をすごく上げているわけだね。例えば、賃金が百分の一の所で、念入りに仕事をやったとしても、日本みたいに値段は上がってこない。その部分が利益率になる。

だから、私は、そんな安売り店をやりながら、社長・会長として、現在、高収入を得ている。まあ、ステータスシンボルとしてやっていますけど、今、日本の代表的な経営者になろうとしているわけだ。

これは、普通の人にはできないよ。高級品なら、利益幅《はば》は大きくて、収入の幅も大きくなる。普通はそう考える。できないことをやっているから、うちが伸《の》びている。

武田　安売り路線は定着していると思いますが、高付加価値路線はうまくいっているんでしょうか。

柳井正守護霊　今は、ブランドを変えたり、いろいろ苦労してやっているところだから、分かんないんだけどさ。

「英語社内公用語化」で海外の一流人材を採りたい

武田　例えば、四年ぐらい前に、プラダのデザイナーを入れていましたが、何か変わったのでしょうか。

柳井正守護霊　ハハ……。今、ちょっと苦しいところはあるんだけどな。上手に〝分裂《ぶんれつ》〟させるのは、なかなか難しいんだけど、俺も気持ち的には、「総合商社みたいに、いろんなデパートメント（部門）がたくさんあって、それぞれが違《ちが》うものを扱《あつか》っているような感じの世界企業《きぎょう》にしたいな」と思ってるのさ。

武田　そのためには、人材が要《い》りますよね。柳井社長のような人がいないといけないかもしれません。

柳井正守護霊　まあ、日本人には、大して期待していないけど、日本人以外では、人材が出る可能性はあると思っている。

武田　今、人材はいるのですか。

柳井正守護霊　うん。現に、いろんな国で任しているからね。現地には、けっこう有能な人が眠《ねむ》っている。俺は、大して英語ができないんだけど、英語社内公用語化を推《お》し進めることによって、英語が公用語で使える国なんかでは、一流の人材が採れるので、現地で発展させていくかたちをとろうとしている。

はっきり言やあ、日本は今、税金をがっぽり取ろうとしているからさ。この国は、税金を上げていこうとしているけど、海外でつくって、海外で売るような国際的な商売に全部変えていきゃあ、日本の税務署なんか全然怖《こわ》くねえんだよ。

5　安倍《あべ》政権の経済政策への感想

海外進出するユニクロには「増税」の被害《ひがい》が少ない？

秦　消費税の増税については、どのようにお考えでしょうか。

柳井正守護霊　どうぞ、上げてくれ。どうぞ、どんどん上げてください。私は大賛成。どんどん上げてください。潰《つぶ》れるのは、ほかの会社です。うちは潰れません。ほかのところは、消費税を上げたら、それを、どう吸収するかだからね。物価が上がったら、ものが売れなくなります。それを、内税でなかに入れたら、利益率が落ちるし、外側に乗せたら売り上げが落ちる。

だから、消費税を上げても、うちなんかのほうが被害《ひがい》は少ないし、勝てるね。

武田　ただ、中国では、かなり人件費が上がっています。そういう意味で、ユニクロもコスト高が進んでいると思うのですが、そのなかで消費税増税分を吸収するのは可能なのでしょうか。

柳井正守護霊　（進出するのは）都市部だけとは限らないよ。中国は今、一割ぐらいは豊かだけど、あとは豊かじゃない。その豊かでない所で不満が高まってるので、そちらには経済進出して発展させなきゃいけないニーズがある。豊かで、ある程度、文明の恩恵《おんけい》にあずかっているのは、せいぜい三億人いればいいほうでしょう。あとの十億人は文明から遅《おく》れてるよ。ここを、戦後の日本の発展みたいに持っていくことができればいいんじゃないかね。

武田　では、どんどん、人件費の安い所に出ていこうとしていると？

柳井正守護霊　まあ、人件費が高くなってきたところでは、高級ブランドみたいなものもつくらないと、やっていけないね。欧米《おうべい》でも、もちろん、つくっているわけだけども、そのときに、そういう高級ブランドのデザイナー等も使うことによって、よく見せようとしている。あるいは、ハイカラなところに進出して、高級ブランドのなかに紛《まぎ》れ込《こ》もうとしているところはあるわな。

「日本はぶっ潰《つぶ》れるので、海外で生き残りたい」との本音

武田　今まで、ずっとデフレが続いていましたが、そのなかで、ユニクロは、ある意味、勝者たりえたと思います。今、安倍《あべ》政権では、デフレからインフレに持っていこうとしていますが、そういった環境《かんきょう》の変化に対しては、どう考えていますか。

柳井正守護霊　どうせ長くないから、私は、どうでもいいんだよ。「政治はすぐ変

わる」と思っているのでね。経営は一貫《いっかん》しなきゃいけないが、政治は変わる。あのねえ、国に国債《こくさい》という借入金が一千兆円もあって、また金をばら撒《ま》こうとしているんだろう？　一生懸命《いっしょうけんめい》、出そうとしているんだから、こんなのは、もうデタラメ経営もいいところだ。こんな経営をやっていたら、どうせ、ぶっ潰《つぶ》れるよ。「この国はぶっ潰れる」ということを前提にして、私は今、海外で生き残れることを考えている。あんたがたも、そう考えてたほうがいいよ。海外で生き残れるようにしといたほうがいいと思うな。

6 「ユニクロフィロソフィ」が世界を席巻《せっけん》する？

「五兆円企業《きぎょう》」になれば、世界企業として認知されるのか

武田　柳井社長は、会社自体を、日本から外国にシフトさせていこうとしているわけですか。

柳井正守護霊　うーん。この国から出なきゃ駄目《だめ》だね。

武田　そういうお考えの下《もと》に組み立てているわけですね。

柳井正守護霊　そうそう。この国は、もう駄目です。政治家・官僚《かんりょう》が三流、四流で

す。もうすごいですから。これほどひどいところはめったにない。もうあきれ返ってますよ。四流だね。こんなところで商売しても、そんなに発展しませんからね。とにかく、「売り上げ規模で五兆円」と繰《く》り返し言っていますけども、世界規模になったら、その規模自体が一流の証明になってくる。規模が一流の証明になったときに、次は「ユニクロ」という企業《きぎょう》自体が、世界企業として認知されることになっていくんだ。「安売りだったら一流じゃない」っていうような考えもあろうけども、「売り上げがこれだけあったら、どうだ！」っていうところだね。

ダイエーさんは、一兆円企業を目指したあたりで息が切れたと思うけど、こちらは、五兆円企業を目指している。五兆円企業になったら、揺《ゆ》るがない地位を得られるのでね。まあ、日本でどうなろうと、中国でどうなろうと、潰《つぶ》れないぐらいの企業にするつもりではいるけどね。

「松下幸之助《まつしたこうのすけ》のダム経営」とは逆の資金を貯《た》めない戦略

武田　ただ、「潰れないために、拡大し続けなければいけない」というプレッシャーがあるのではないでしょうか。

柳井正守護霊　まあね。ねずみ講みたいなところだな。ねずみ講企業と言やあ、そのとおりだけどさ。

武田　資金量を増やしておかないと、いつ潰れるか分からないですよね。

柳井正守護霊　何十店、百店、二百店と出し続けていますけども、それは、税金を払《はら》わないためにも基本的に必要なことだからね。まあ、松下幸之助《まつしたこうのすけ》さんの勉強はしているけど、「ダム経営」みたいな感じで、なかに資金を貯《た》めたり、利益を貯めたりしたら、今は税務署に一発で狙《ねら》われる。

やはり、「出店し続けることで、売り上げを伸《の》ばしながら、利益は少なめに見せて税金を減らす」っていうのは一つの戦略だ。日本とか、アメリカとかの税率は世界最高だからね。こんなところで、そんなに発展できませんよ。税金が高すぎますよ。

中国と戦争になった場合、中国に「帰化《きか》」するつもり？

武田　そのような資金的に余裕《よゆう》のない経営をしているのであれば、特に中国に軸足《じくあし》を置いている状況《じょうきょう》ですから、中国と紛争《ふんそう》が起こった場合、相当な痛手を負うのではないかと思いますが、いかがですか。

柳井正守護霊　いやあ、そんなことないよ。俺《おれ》が中国に帰化《きか》すりゃいいんだからさ。それで終わりだよ。

武田　なるほど。分かりました。

柳井正守護霊　中国人になりゃいいんだろ？　それで終わりだよ。

秦　ご本人（柳井正氏）は、日本人という意識は捨てている感じなのですか。

柳井正守護霊　もうねえ、日本はダサいよ。

秦　ダサい？

柳井正守護霊　ダサい。やってられない。
日本人の頭の回転の遅《おそ》さには、とてもついていけない。タルタルタルタルしてる役所なんか相手にしてたら、もう、やってられないよ。それに、政治家の、あの約束の軽さ、嘘《うそ》つき度。まあ、相手にできませんな。

私は、外資系レベルで、バシバシ、ビジネスを決めていくのが好きなので、外資系が入ってきにくい日本の風土はあまり好きでないね。頭のなかのイメージには、総合商社みたいな世界企業があると思うがな。これは、早稲田《わせだ》の政経を出て、山口の衣料店に帰された息子《むすこ》の恨《うら》みかもしらん。ちょっと屈折《くっせつ》してるのかもしれない。

いやあ、もう、やれるところまでやりまっせ！　潰れたって、知るもんかあ。アッハッハッハッハ。

「ユニクロは中国を文化的に支配できる」という自信

武田　ただ、柳井社長は、非常に注目されていますし、社会的な影響力《えいきょうりょく》が増していると思いますので、そのような発言は……。

柳井正守護霊　でも、俺はホリエモン君（堀江貴文《ほりえたかふみ》氏）みたいのとは、全然、違《ちが》うからね。

武田　社会に与《あた》える影響や公人としての責任について、あまり感じておられないのですか。

柳井正守護霊　感じてるよ。だから、政治的発言もしているし、著書も出している。俺は今、新しい経営者像っていうか、経営哲学《てつがく》をつくろうとしているんだよ。稲《いな》盛《もり》さんも、「京セラフィロソフィ」と言っているけど、ちょっと古いなあ。あれは、そろそろ終わりだよ。ああ、悪口を言っちゃいけないかな。

だから、次は、「ユニクロフィロソフィ」で、世界を席巻《せっけん》するつもりでいる。日本発の世界企業の経営哲学が、世界のモデルになっていくんだ。（自分は）愛国者じゃない⁉　ある意味で、私は売国奴《ばいこくど》でなく、愛国者なんだよ。日本を世界に輸出しようとしているんだ。

秦　愛国者は中国に帰化しないと思うので、それは言いすぎかと思います。

柳井正守護霊　いや、帰化するように見せて、中国をなかから侵食《しんしょく》し、日本企業に全部変えてしまおうとしているわけだからさ。中国企業が、みな、ユニクロのまねをしていけば、ある意味で、中国を文化的に支配できるわけです。

彼らは、まだモデルを欲《ほっ》しています。外向きは強そうに見せてますけど、なかは弱いですよ。脆弱《ぜいじゃく》なものです。カブトムシと一緒《いっしょ》ですよ。カブトムシの外側は強そうだけど、なかはすごく柔《やわ》らかい。幼虫から進化したような柔らかいものです。

中国なんていうものは、あんな感じですよ。

秦　お考えは、よく分かりました。

柳井正守護霊　うーん。

武田　では、今日のところは……。

柳井正守護霊　何？　幸福の科学へのアドバイスかなんか欲しくないの？　大丈《だいじょう》夫《ぶ》？　うん？

武田　結構でございます。お考えは、だいたい分かりましたので。

柳井正守護霊　冷たいなあ。君らは、僕《ぼく》らが失敗すると思ってるわけ？

武田　中国との情勢はかなり厳しいと思います。

柳井正守護霊　マスコミが、うちのことを「ブラック企業」とか言って、いじめ始めたのは知っているよ。この逆風下で、ちょっと目立ってて、「逆張り」しているところが悔《くや》しいんだろうと思うけど、どっこい、経営者としての能力の違いを、そのうち、まざまざと見せつけてやろうと思いますよ。

武田　分かりました。そのあたりに注目してまいりたいと思います。

柳井正守護霊　はい、はい。

大川隆法　（柳井正守護霊に）じゃあ、ありがとうございました。

武田　本日は、ありがとうございました。

秦　ありがとうございました。

7 「日本を代表する企業家《きぎょうか》」として生き残れるか

大川隆法　柳井氏は、基本的に「逆張り」をやろうとしているようです。それと、「意地があるので、いったん始めたことはやめたくない」というところもあるのでしょう。

武田　確固とした明るい見通しがあるわけではなさそうです。

大川隆法　ただ、確かに、中国が変わらない国であることも事実です。「五千年、一日《いちじつ》が如《ごと》し」という国ですから、中国の人たちは、「日本の政権が変動しても、すぐ揺《ゆ》り返しが来る」と思っているでしょう。

柳井氏には、最近、政治的な発言も増えてきているので、「松下幸之助《まつしたこうのすけ》のような人間になりたい」という気持ちがあるのではないでしょうか。

武田　そうでしょうね。

大川隆法　ダイエーの中内㓛《なかうちいさお》さんよりも、政治的な関心を持っているような気がします。

代表的な企業家《きぎょうか》として生き残れるかどうか、見物です。活躍《かつやく》はしていますが、危《あや》うさも感じるのです。そのへんのところが、この人の魅力《みりょく》でもあるのでしょうけれどもね。当会も、人のことは言えないので、用心しながら見ております。

しかし、ユニクロの場合、この規模にしては、トライ・アンド・エラーが多すぎるような気が若干《じゃっかん》します。これだけ発展したならば、もう少し堅実《けんじつ》にならないといけない面があるのです。彼は、〝官僚組織《かんりょうそしき》〟が嫌《きら》いなので、おそらく、社内に〝官僚組織〞がないのでしょう。だから、社長の思いつきで、けっこうやれているところがあります。

武田　意外にトップダウンです。

大川隆法　それは、「下に人が育ってない」ということでもあるでしょうね。海外にたくさん進出していますが、その国の政変や経済動向等によっては、大きな危機を迎《むか》えることもありえるかもしれません。呪《のろ》ってはいけないので、ご成功を祈《いの》って終わりにしたいと思います。

今日、出てきてくれた理由は、「宗教の信者がユニクロを買ってくれるのではないか」ということでしょうね。そう思って、出てきてくださったように思います。

武田　そうですね。

大川隆法　ただ、当会は、意外に〝高付加価値路線〟であり、それほど〝安売り〟をしたいわけではありません。若干、哲学《てつがく》は違《ちが》うかもしれませんが、同じ時期に発展したので、非常に意識をしているところもあるのかもしれません。これについては、ほかの企業も調べてみたいところですね。

では、以上にしましょうか。

武田　はい。ありがとうございました。

あとがき

現在ただ今の日本の大経営者が、チャイナリスクにどう対応するか。そして、その「逆張り経営」は果たして成功するのか。宗教家に分類されつつも、経営書も出しており、二〇一五年開学予定の『幸福の科学大学』では「経営成功コース」も設ける予定の私としては、自分の洞察力、霊眼が試されるところである。

とりあえず、売国企業と呼ばれず、有徳の世界企業へと成長されることを祈っている。

二〇一三年　五月二十日

幸福《こうふく》の科学《かがく》グループ創始者兼総裁《そうししゃけんそうさい》　大川隆法《おおかわりゅうほう》

『柳井正社長の守護霊インタビュー ユニクロ成功の霊的秘密と世界戦略』

大川隆法著作関連書籍

『経営入門』（幸福の科学出版刊）
『社長学入門』（同右）
『未来創造のマネジメント』（同右）
『智慧の経営』（同右）
『発展思考』（同右）
『常勝思考』（同右）
『理想国家日本の条件』（同右）
『稲盛和夫守護霊が語る 仏法と経営の厳しさについて』（同右）
『ドラッカー霊言による「国家と経営」』（同右）
『ザ・ネクスト・フロンティア――公開霊言 ドラッカー&アダム・スミス――』（同右）

『もしドラッカーが日本の総理ならどうするか?』(HS政経塾刊)
『世界の潮流はこうなる』(幸福実現党刊)
『徹底霊査「週刊新潮」編集長・悪魔の放射汚染』(幸福の科学出版刊)
『「文春」に未来はあるのか――創業者・菊地寛の霊言――』(同右)
『芥川龍之介が語る「文藝春秋」論評』(同右)
『地獄の条件――松本清張・霊界の深層海流』(同右)

柳《やな》井《い》正《ただし》社長《しゃちょう》の守《しゅ》護《ご》霊《れい》インタビュー
ユニクロ成功《せいこう》の霊《れい》的《てき》秘《ひ》密《みつ》と世《せ》界《かい》戦《せん》略《りゃく》

2013年５月31日　初版第１刷

著　者　　大《おお》　川《かわ》　隆《りゅう》　法《ほう》

発行所　　幸福の科学出版株式会社

〒107-0052 東京都港区赤坂２丁目10番14号
TEL(03)5573-7700
http://www.irhpress.co.jp/

印刷・製本　株式会社 堀内印刷所

落丁・乱丁本はおとりかえいたします

ISBN978-4-86395-338-3 C0030
写真: アフロ

大川隆法ベストセラーズ・発展する企業を創る

経営入門
人材論から事業繁栄まで

豪華装丁
函入り

経営規模に応じた経営の組み立て方など、強い組織をつくるための「経営の急所」を伝授。

9,800円

社長学入門
常勝経営を目指して

豪華装丁
函入り

デフレ時代を乗り切り、組織を成長させ続けるための経営哲学、実践手法が網羅された書。

9,800円

未来創造のマネジメント
事業の限界を突破する法

豪華装丁
函入り

変転する経済のなかで、成長し続ける企業とは、経営者とは。戦後最大級の組織をつくり上げた著者による、現在進行形の経営論がここに。

9,800円

智慧の経営
不況を乗り越える
常勝企業のつくり方

豪華装丁
函入り

不況でも伸びる組織には、この8つの智慧がある――。26年で巨大グループを築き上げた著者の、智慧の経営エッセンスをあなたに。

10,000円

※表示価格は本体価格（税別）です。

大川隆法 霊言シリーズ・ビジネスパーソンに贈る

稲盛和夫守護霊が語る 仏法と経営の厳しさについて

実践で鍛えられた経営哲学と、信仰で培われた仏教精神。日本再建のカギとは何か──。いま、大物実業家が、日本企業の未来にアドバイス!

1,400円

松下幸之助の 未来経済リーディング

消費税増税と日本経済

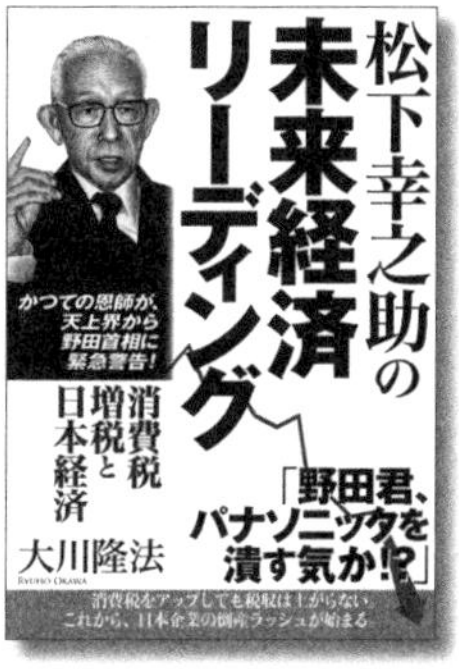

経営の神様・松下幸之助が、天上界から、かつてない日本経済の危機を警告する。かつての門下生・野田首相に苦言を呈す。

1,400円

ドラッカー霊言による「国家と経営」

日本再浮上への提言

「経営学の父」ドラッカーが、日本と世界の危機に、処方箋を示す。企業の使命から国家のマネジメントまで、縦横無尽に答える。

1,400円

幸福の科学出版

大川隆法霊言シリーズ・中国・北朝鮮情勢を読む

守護霊インタビュー 金正恩の本心直撃!

ミサイルの発射の時期から、日米中韓への軍事戦略、中国人民解放軍との関係──。北朝鮮指導者の狙いがついに明らかになる。　【幸福実現党刊】

1,400円

長谷川慶太郎の守護霊メッセージ
緊迫する北朝鮮情勢を読む

軍事評論家・長谷川氏の守護霊が、無謀な挑発を繰り返す金正恩の胸の内を探ると同時に、アメリカ・中国・韓国・日本の動きを予測する。

1,300円

中国と習近平に未来はあるか
反日デモの謎を解く

「反日デモ」も、「反原発・沖縄基地問題」も中国が仕組んだ日本占領への布石だった。緊迫する日中関係の未来を習近平氏守護霊に問う。　【幸福実現党刊】

1,400円

小室直樹の大予言
2015年 中華帝国の崩壊

世界征服か? 内部崩壊か? 孤高の国際政治学者・小室直樹が、習近平氏の国家戦略と中国の矛盾を分析。日本に国防の秘策を授ける。

1,400円

※表示価格は本体価格(税別)です。

幸福の科学グループのご案内

宗教、教育、政治、出版などの活動を通じて、地球的ユートピアの実現を目指しています。

宗教法人　幸福の科学

一九八六年に立宗。一九九一年に宗教法人格を取得。信仰の対象は、地球系霊団の最高大霊、主エル・カンターレ。世界百カ国以上の国々に信者を持ち、全人類救済という尊い使命のもと、信者は、「愛」と「悟り」と「ユートピア建設」の教えの実践、伝道に励んでいます。

（二〇一三年五月現在）

愛

幸福の科学の「愛」とは、与える愛です。これは、仏教の慈悲《じひ》や布施《ふせ》の精神と同じことです。信者は、仏法真理をお伝えすることを通して、多くの方に幸福な人生を送っていただくための活動に励んでいます。

悟り

「悟り」とは、自らが仏の子であることを知るということです。教学《きょうがく》や精神統一によって心を磨き、智慧《ちえ》を得て悩みを解決すると共に、天使・菩薩《ぼさつ》の境地を目指し、より多くの人を救える力を身につけていきます。

ユートピア建設

私たち人間は、地上に理想世界を建設するという尊い使命を持って生まれてきています。社会の悪を押しとどめ、善を推し進めるために、信者はさまざまな活動に積極的に参加しています。

国内外の世界で貧困や災害、心の病で苦しんでいる人々に対しては、現地メンバーや支援団体と連携して、物心両面にわたり、あらゆる手段で手を差し伸べています。

年間約３万人の自殺者を減らすため、全国各地で街頭キャンペーンを展開しています。

公式サイト　www.withyou-hs.net

ヘレン・ケラーを理想として活動する、ハンディキャップを持つ方とボランティアの会です。視聴覚障害者、肢体不自由な方々に仏法真理を学んでいただくための、さまざまなサポートをしています。

公式サイト　www.helen-hs.net

政治

幸福実現党

内憂外患《ないゆうがいかん》の国難に立ち向かうべく、二〇〇九年五月に幸福実現党を立党しました。創立者である大川隆法党総裁の精神的指導のもと、宗教だけでは解決できない問題に取り組み、幸福を具体化するための力になっています。

党員の機関紙
「幸福実現NEWS」

TEL 03-6441-0754
公式サイト hr-party.jp

出版
メディア
事業

幸福の科学出版

大川隆法総裁の仏法真理の書を中心に、ビジネス、自己啓発、小説など、さまざまなジャンルの書籍・雑誌を出版しています。他にも、映画事業、文学・学術発展のための振興事業、テレビ・ラジオ番組の提供など、幸福の科学文化を広げる事業を行っています。

TEL 03-5573-7700
公式サイト irhpress.co.jp